Netzwerk neu

A1–B1 | Grammatik

Stefanie Dengler
Tanja Sieber

Ernst Klett Sprachen
Stuttgart

Autorinnen: Stefanie Dengler, Tanja Sieber

Grammatikübersichten: Stefanie Dengler, Paul Rusch, Helen Schmitz, Tanja Sieber

Redaktion: Annerose Remus

Herstellung: Alexandra Veigel

Gestaltungskonzept: Petra Zimmerer, Nürnberg; Alexandra Veigel

Layoutkonzeption: Petra Zimmerer, Nürnberg

Umschlaggestaltung: Anna Wanner

Illustrationen: Florence Dailleux, Frankfurt

Satz: Holger Müller, Satzkasten, Stuttgart

Reproduktion: Meyle + Müller GmbH + Co. KG, Pforzheim

Titelbild: Dieter Mayr, München

Informationen und zu diesem Titel passende Produkte finden Sie auf www.klett-sprachen.de/netzwerk-neu

Der Umwelt zuliebe!
- Aus Recyclingfasern
- Leichtere Grammatur
- Keine Folie

1. Auflage   4 | 2025

Druck und Bindung: Elanders Waiblingen GmbH

ISBN 978-3-12-607178-9

So funktioniert's!

A1 K11 **103** Beim Shopping. Akkusativ oder Dativ? Kreuzen Sie an.

A ○ Schau mal, das Kleid ist toll. Das gefällt (1) ☐ mich ☐ mir total.
  ● Probier es doch mal an. Es steht (2) ☐ dich ☐ dir bestimmt gut.
  ○ Okay, Moment. … Es passt (3) ☐ mich ☐ mir leider nicht.
  ● Warte, da hinten ist eine Verkäuferin. Ich frage (4) ☐ sie ☐ ihr schnell. Vielleicht gibt es das Kleid ja noch in einer anderen Größe.

B ○ Marco hat morgen Geburtstag. Ich muss noch ein Geschenk für (5) ☐ ihn ☐ ihm kaufen.
  ● Was willst du (6) ☐ ihn ☐ ihm denn schenken? Hast du schon eine Idee?
  ○ Er hat (7) ☐ mich ☐ mir von einem Buch erzählt, aber ich kann (8) ☐ es

C ○ Kann ich (9) ☐ Sie ☐ Ihnen helfen?
  ● Ja, diese Tasse finde ich toll. Haben Sie (10) ☐ sie ☐ ihr auch in Rot?
  ○ Ja, natürlich. Hier, bitte schön.

> In diesen Kapiteln von *Netzwerk neu* lernen Sie etwas zu diesem Thema.

Reflexivpronomen

A2 K4 B1 K8

	Akkusativ	Dativ
ich	mich	mir
du	dich	dir
er/es/sie	sich	
wir	uns	
ihr	euch	
sie/Sie	sich	

Ich ziehe	**mich**		an.
Ich ziehe	**mir**	**den** Pullover	an.
	Dativ	Akkusativ	

Wenn es bei reflexiven Verben ein Reflexivpronomen <u>und</u> ein Akkusativobjekt gibt, steht das Reflexivpronomen im Dativ.

weitere reflexive Verben: sich ärgern, sich ausruhen, sich bedanken, sich beeilen, sich duschen, sich entscheiden, sich entschuldigen, sich erinnern, sich gewöhnen, sich informieren, sich kämmen, sich konzentrieren, sich kümmern, sich langweilen, sich streiten, sich treffen, sich umsehen, sich unterhalten, sich verabschieden, sich vorstellen, sich waschen, sich wohlfühlen …

B1 K8 **104** Keine Zeit! Ergänzen Sie das Reflexivpronomen im Akkusativ oder Dativ.

> Nach diesem Kapitel von *Netzwerk neu* können Sie die Aufgabe lösen.

1. Ich will __*mir*__ noch schnell die Haare waschen!

2. Du musst _____ noch ein sauberes T-Shirt anziehen!

3. Wo sind die Kinder? Sie müssen _____ noch duschen!

4. Und Felix muss _____ noch die Zähne putzen!

5. Clara und Fabian, ihr müsst _____ noch kämmen!

6. Kommt jetzt! Wir müssen _____ wirklich beeilen!

→ weitere Übungen auf S. 18 (reflexive Verben)

> Auf dieser Seite in der Grammatik finden Sie weitere Übungen zum Thema.

Inhalt

Sätze

A1 K1, K4, K5, K6, K10

Aussagesätze: Position im Satz

Position 1	Position 2		Satzende
Niklas	wohnt	in Hamburg.	
Wir	können	nicht ins Kino	gehen.
Wir	holen	Sofia	ab.
Gestern	hat	**er** sechs Stunden	gelernt.

Im Aussagesatz steht das konjugierte Verb auf Position 2. Am Satzende stehen Infinitiv, Partizip II oder Präfix. Das **Subjekt** steht vor oder nach dem konjugierten Verb.

A1 K6

1 Mein Tag. Schreiben Sie Sätze. Beginnen Sie mit dem markierten Wort.

1. aufstehen / am Morgen / um sieben Uhr / <u>ich</u> / .

   Ich stehe am Morgen um sieben Uhr auf.

2. frühstücken / zusammen in der Küche / <u>wir</u> / .

   _____

3. fahren / in die Schule / <u>um 7:35 Uhr</u> / meine Kinder / .

   _____

4. abholen / <u>nach der Schule</u> / die Kinder / mein Mann / .

   _____

5. <u>ich</u> / am Nachmittag / arbeiten müssen / .

   _____

6. schlafen können / <u>am Samstag</u> / lang / wir / .

   _____

A1 K10

2 Formulieren Sie die Sätze 1–4 aus Aufgabe 1 im Perfekt.

1. Ich bin am Morgen um sieben Uhr aufgestanden.

→ weitere Übungen auf S. 9 (Präsens), S. 12 (Modalverben) und S. 21 (Perfekt)

W-Fragen

A1 K1, K5, K6, K10, K12 A2 K11 B1 K2

Position 1	Position 2		Satzende	
Wie	heißen	Sie?		– Ich heiße Oliver Hansen.
Wen	hast	du zur Party	eingeladen?	– Meine Freunde.
Wann	kannst	du	kommen?	– Um acht.
Was	bringst	du	mit?	– Einen Kuchen.
Worüber	habt	ihr	gesprochen?	– Über das Studium.
Wessen Auto	steht	vor der Tür?		– Ich glaube, das ist Olafs.

In der W-Frage steht das W-Wort auf Position 1. Das konjugierte Verb steht auf Position 2. Das Subjekt steht nach dem Verb. Am Satzende stehen Infinitiv, Partizip II oder Präfix.

A1 K6 **3** **Im Sprachkurs. Ergänzen Sie die Fragewörter.**

wann | was | wen | wer | wie viele | ~~wie~~ | wo | woher

1. ○ *Wie* _____ heißt deine Lehrerin? ● Sie heißt Frau Klein.

2. ○ _____ beginnt der Unterricht morgen? ● Wie immer um acht Uhr.

3. ○ _____ kommt die neue Studentin? ● Define kommt aus der Türkei.

4. ○ _____ hat die Hausaufgaben gemacht? ● Wir alle.

5. ○ _____ Personen sind im Kurs? ● Jetzt sind wir acht.

6. ○ _____ ist mein Buch? ● Hier ist es.

7. ○ _____ triffst du am Nachmittag? ● Define und Alex.

8. ○ _____ macht ihr zusammen? ● Wir gehen in den Park.

Ja-/Nein-Fragen A1 K2, K5, K6, K7, K10

Position 1		Position 2		Satzende	
Gehen	**1**	wir	**2**	ins Kino?	– Ja.
Haben		Sie		Frau Petrović	angerufen?	– Nein, leider nicht.
Kommt		ihr		am Samstag	mit?	– Ja, gern.
Musst		du		heute **nicht**	arbeiten?	– **Doch.** / Nein.
Hast		du		**keinen** Termin?		– **Doch**, um zehn. / Nein.

In der Ja-/Nein-Frage steht das konjugierte Verb auf Position 1. Am Satzende stehen Infinitiv, Partizip II oder Präfix. Das Subjekt steht auf Position 2.

A1 K5 **4** **Der Ausflug. Schreiben Sie Ja-/Nein-Fragen.**

1. ○ *Musst du morgen arbeiten?* _____ ● Nein, morgen habe ich frei.
   arbeiten / müssen / morgen / du / ?

2. ○ _____ ● Ja, gute Idee. Wir können an
   einen Ausflug machen / wollen / wir / am Nachmittag / ? einen See fahren.

3. ○ _____ ● Ja, gern.
   du / die Getränke / kaufen / ?

4. ○ _____ ● Nein, wir können dort ins
   Essen / brauchen / wir / ? Café gehen.

5. ○ _____ ● Ja, natürlich – es ist Sommer!
   im See / schwimmen / wollen / du / ?

A1 K7 **5** **Im Büro. Ordnen Sie die Antworten zu.**

1. ○ Hast du heute keinen Termin? _____ A ● Nein, ich habe leider keine Zeit.

2. ○ Wollen wir zusammen essen gehen? _____ B ● Doch, natürlich war ich da.

3. ○ Rufst du mich später kurz an? _____ C ● Doch, um 15 Uhr.

4. ○ Warst du nicht in der Besprechung? _____ D ● Ja, gern. Passt dir um zwölf in der Kantine?

Imperativsätze

Position 1				
Trinken	**1**	Sie	viel Wasser!	
Geh			früh ins Bett!	
Steht			bitte	auf!
Position 1				Satzende

Im Imperativsatz steht das konjugierte Verb auf Position 1.

6 Ein Arzt spricht mit Patienten. Formulieren Sie die Aussagesätze im Imperativ.

1. Sie dürfen heute nichts essen.

2. Sie müssen im Bett bleiben.

3. Sie müssen eine Tablette nehmen.

4. Du darfst nur wenig sprechen.

5. Du darfst keinen Sport machen.

6. Du musst viel Tee trinken.

1. *Essen Sie heute nichts!*

2. _____

3. _____

4. _____

5. _____

6. _____

Stellung von *nicht* im Satz

1. a Wenn *nicht* den ganzen Satz verneint, steht es möglichst am Ende des Satzes:	*Das Bild gefällt mir **nicht**.*
Aber: In der Satzverneinung steht *nicht* …	
b vor dem zweiten Verbteil:	*Wir konnten **nicht** kommen.*
c vor Adjektiven und Adverbien:	*Das Bild war **nicht** teuer.*
d vor Präpositionalergänzungen:	*Sie interessiert sich **nicht** für Kunst.*
e vor Ortsangaben:	*Sie waren **nicht** dort.*
2. Wenn *nicht* nur ein Wort verneint, steht es direkt vor diesem Wort:	*Ich war **nicht** heute im Museum.*

Wenn ein Satz oder Satzteil mit *nicht* oder *kein* verneint ist, setzt man den folgenden Satz mit *sondern* fort: *Ich war **nicht** heute im Museum, **sondern** gestern.*

7 Kein Interesse! Wo steht *nicht*? Markieren Sie mit |.

1. Svenja kann leider|gut malen.
2. Im Schulunterricht haben sie oft gezeichnet.
3. In ihrer Freizeit hat Svenja gemalt, sondern lieber Freunde getroffen.
4. Svenjas Familie findet das schlimm. Sie interessiert sich für Malerei.
5. Im Urlaub geht die Familie deswegen auch in Museen.
6. Svenja ist auch besonders musikalisch, deshalb singt sie.

8 *nicht* oder *kein*? Schreiben Sie eine negative Antwort mit *nicht* oder kein.

1. Gehst du gern ins Museum?
2. Hast du Bilder an die Wand gehängt?
3. Hast du früher gemalt?
4. Würdest du Geld für ein Kunstwerk ausgeben?
5. Gefällt dir moderne Kunst?
6. Kennst du einen bekannten Künstler aus Deutschland?

1. Nein, ich gehe nicht gern ins Museum.

Verb

Präsens: Konjugation

	wohnen	arbeiten	heißen	ab|holen	sprechen	fahren	Endung
ich	wohne	arbeite	heiße	hole ab	spreche	fahre	-e
du	wohnst	arbeitest	heißt	holst ab	sprichst	fährst	-(e)st
er/es/sie	wohnt	arbeitet	heißt	holt ab	spricht	fährt	-(e)t
wir	wohnen	arbeiten	heißen	holen ab	sprechen	fahren	-en
ihr	wohnt	arbeitet	heißt	holt ab	sprecht	fahrt	-(e)t
sie/Sie	wohnen	arbeiten	heißen	holen ab	sprechen	fahren	-en

unregelmäßige Verben

e → i/ie	**sprechen** (du spr**i**chst, er/es/sie spr**i**cht)
	lesen (du l**ie**st, er/es/sie l**ie**st)
	ebenso: an|sehen, essen, geben, helfen, sehen, treffen …
	! nehmen (du n**imm**st, er/es/sie n**imm**t)
a → ä	**fahren** (du f**ä**hrst, er/es/sie f**ä**hrt)
	laufen (du l**äu**fst, er/es/sie l**äu**ft)
	ebenso: an|fangen, ein|fallen, ein|laden, raten, schlafen, waschen …

! wissen	
ich	**weiß**
du	**weißt**
er/es/sie	**weiß**
wir	wissen
ihr	wisst
sie/Sie	wissen

trennbare Verben

ein|laden	Sie	laden	die Freunde	ein.
ab|holen	Sie	wollen Sofia		abholen.
mit|fahren	Fahrt	ihr		mit?

9 **Sieh mal, hier ist meine Schwester. Ergänzen Sie die Verben im Präsens.**

arbeiten | besuchen | fahren | gehen | ~~heißen~~ | kochen | kommen | kommen |
sehen | treffen | wohnen

○ Sieh mal, hier ist meine Schwester Eva und ihr Mann. Er (1) __heißt__ Matthew und er

(2) _____ aus den USA. Eva und Matthew (3) _____ schon seit zehn Jahren in Stuttgart.

● Und wo arbeiten sie?

○ Eva (4) _____ als Informatikerin und Matthew ist Lehrer.

Sie haben ein Haus und ich (5) _____ sie dort oft.

● (6) _____ du dann mit dem Fahrrad?

○ Ja. Wir (7) _____ dann am Abend zusammen – Fisch oder

Pasta und Salat. Das ist immer sehr lecker!

● (8) _____ du Eva manchmal auch allein?

○ Ja, manchmal. Wir (9) _____ zusammen ins Kino. Warum

(10) _____ du nicht mit? Du (11) _____ auch gern Filme, oder?

● Ja, sehr! Ich komme gern.

10 **Schreiben Sie einen Text über sich. Verwenden Sie mindestens fünf Verben aus Aufgabe 9.**

A1 K6

11 Sortieren Sie die Verben in die Tabelle und ergänzen Sie die Verbkonjugation für je ein Verb.

~~fahren~~ | anziehen | essen | anfangen | finden | geben | gehen | leben | machen | raten |
schicken | schlafen | sehen | sprechen | wohnen | treffen

keine Vokaländerung	e → i/ie bei *du* und *er/es/sie*	a → ä bei *du* und *er/es/sie* *fahren*

ich _____	ich _____	ich _*fahre*_____
du _____	du _____	du _____
er/es/sie _____	er/es/sie _____	er/es/sie _____

A1 K6

12 Trennbare Verben. Sind die Sätze richtig oder falsch? Kreuzen Sie an und korrigieren Sie die falschen Sätze.

	richtig	falsch
1. Ich hole dich ab morgen um 8:30 Uhr mit dem Auto.	☐	☒
2. Unser Sprachkurs fängt immer um 9 Uhr an.	☐	☐
3. Rufst du an jetzt noch Paula?	☐	☐
4. Dann nehmen wir sie mit auch.	☐	☐
5. Ich bringe dir das Buch zum Kurs mit.	☐	☐
6. Der Unterricht hört um 13 Uhr auf.	☐	☐
7. Nach dem Kurs kaufe ein ich im Supermarkt.	☐	☐
8. Am Abend sehe fern ich.	☐	☐

1. Ich hole dich morgen um 8:30 Uhr mit dem Auto ab.

sein und *haben*

A1 K1, K2, K6, K10

	sein		haben	
	Präsens	Präteritum	Präsens	Präteritum
ich	**bin**	**war**	habe	hatte
du	**bist**	**warst**	**hast**	hattest
er/es/sie	**ist**	**war**	hat	hatte
wir	**sind**	**waren**	haben	hatten
ihr	**seid**	**wart**	habt	hattet
sie/Sie	**sind**	**waren**	haben	hatten

Die Perfektformen *ich bin gewesen, ich habe gehabt* verwendet man nur selten. Man verwendet *ich war, ich hatte*.

A1 K2

13 Im Deutschkurs. Markieren Sie die passende Form von *sein* und *haben* im Präsens.

1. ○ Guten Tag! Wie   ist / sind   Ihr Name, bitte?
2. ● Hallo, mein Name   bin / ist   Luca Santos, das   ist / sind   meine Frau Monica.
3. ○ Hallo Herr und Frau Santos, ich   bin / ist   Georgina Seitz. Das   sind / ist   Ihr Deutschkurs. Haben / Habt   Sie schon ein Deutschbuch?
4. ● Ja, ich   habe / hast   schon ein Buch, aber Monika   haben / hat   kein Buch.
5. ○ Okay. Das   seid / sind   Carlo und Mira. Mira   ist / sind   aus Schweden und Carlo   ist / sind   aus Italien.
6. △ Woher   seid / sind   ihr?
7. ● Wir   bin / sind   aus Brasilien.

A1 K6 **14** **Wie war dein Wochenende? Ergänzen Sie *sein* und *haben* im Präteritum.**

1.

> Wo _warst_ du gestern?

> Ich _____ bei Ben. Er _____ Geburtstag.

> Wie _____ das Wetter?

> Schön. Es _____ sehr warm.

2.

> Wir _____ am Sonntag im Museum. Und ihr?

> Wir _____ zu Hause. Alex _____ krank.

> Wie schade!

3.

> Wie lange _____ ihr gestern im Park?

> Bis abends. Wir _____ viel Spaß.

> _____ Ella und Mike auch da?

> Nein, sie _____ leider keine Zeit.

A2 K6

werden

	Präsens	Präteritum	Perfekt
ich	werd**e**	**wu**r**de**	bin ge**word**en
du	**wirst**	**wu**r**dest**	bist ge**word**en
er/es/sie	**wird**	**wu**r**de**	ist ge**word**en
wir	werd**en**	**wu**r**den**	sind ge**word**en
ihr	werd**et**	**wu**r**det**	seid ge**word**en
sie/Sie	werd**en**	**wu**r**den**	sind ge**word**en

Verwendung

werden + Nomen:
  Er wird Fernfahrer.
werden + Adjektiv:
  Sie wird arbeitslos.
werden + Altersangabe:
  Sie wird 45 (Jahre alt).

A2 K6 **15** **Miriams Zukunftspläne. *Werden* oder *sein*? Kreuzen Sie an.**

Miriam (1) ☐ ist ☐ wird   morgen endlich 18 Jahre alt und sie hat schon große Zukunftspläne.
Im Moment (2) ☐ ist ☐ wird   sie noch Schülerin, aber im Sommer macht sie Abitur. Dann möchte sie
studieren und Ärztin (3) ☐ sein ☐ werden.   Ihre Eltern (4) ☐ sind ☐ werden   auch Ärzte und
arbeiten im Krankenhaus. Miriam (5) ☐ ist ☐ wird   Ärztin, weil sie anderen helfen möchte.

A2 K6 **16** **Klassentreffen. Ergänzen Sie *werden* im Präsens oder Perfekt.**

○ Kannst du dich noch an Max erinnern? (1) _Ist_ er Pilot _geworden_ ?

  Das hat er doch immer gesagt.

● Nein, er wollte dann doch nicht mehr Pilot (2) _____ und ist jetzt

  Lehrer.

○ Echt? Das überrascht mich. Und was (3) _____ eigentlich deine Geschwister

  _____? Anna konnte doch so gut singen!

● Sie (4) _____ keine Sängerin _____, aber sie unterrichtet Musik. Und

  Benno studiert noch mal, er (5) _____ Ingenieur.

  Er war ja Mechaniker, aber die Arbeit (6) _____ ihm zu langweilig

  _____. Und er (7) _____ jung Vater _____. Seine

  Tochter (8) _____ nächste Woche schon 14 Jahre alt. (9) _____ du

  eigentlich Journalistin _____? Das war doch immer dein Traum!

○ Stimmt, aber ich (10) _____ Psychologin _____.

Imperativ

A1 K3, K8

	du	**ihr**	**Sie**
kommen	Komm!	Kommt!	Kommen Sie!
aufstehen	Steh auf!	Steht auf!	Stehen Sie auf!
anfangen	Fang an!	Fangt an!	Fangen Sie an!
sein	Sei aktiv!	Seid aktiv!	Seien Sie aktiv!

~~du~~ läufst → Lauf!
~~ihr~~ macht → Macht!

Verben mit *-ten* haben im Imperativ oft die Endung *-e*: Warte! Arbeite nicht so viel!

A1 K8

17 Wie heißt die richtige Form? Kreuzen Sie an.

1. Sylvia, ☐ ruf ☐ ruft ☐ rufen mich bitte heute noch an!
2. ☐ Komm ☐ Kommt ☐ Kommen Sie doch bitte um zwei wieder!
3. ☐ Setz ☐ Setzt ☐ Setzen Sie sich doch bitte!
4. ☐ Sei ☐ Seid ☐ Seien Sie bitte so nett und ☐ bring ☐ bringt ☐ bringen Sie die Dokumente!
5. Sven und Raffael, ☐ lies ☐ lest ☐ lesen bitte die Mail und ☐ antworte ☐ antwortet ☐ antworten schnell!
6. Raffael, ☐ bereite ☐ bereitet ☐ bereiten bitte die Präsentation für Montag vor!
7. Und Sven, ☐ hilf ☐ helft ☐ helfen bitte Raffael!

Modalverben

A1 K5, K6, K8 A2 K2

	müssen		**können**		**wollen**	
	Präsens	Präteritum	Präsens	Präteritum	Präsens	Präteritum
ich	muss	musste	kann	konnte	will	wollte
du	musst	musstest	kannst	konntest	willst	wolltest
er/es/sie	muss	musste	kann	konnte	will	wollte
wir	müssen	mussten	können	konnten	wollen	wollten
ihr	müsst	musstet	könnt	konntet	wollt	wolltet
sie/Sie	müssen	mussten	können	konnten	wollen	wollten

	dürfen		**sollen**	
	Präsens	Präteritum	Präsens	Präteritum
ich	darf	durfte	soll	sollte
du	darfst	durftest	sollst	solltest
er/es/sie	darf	durfte	soll	sollte
wir	dürfen	durften	sollen	sollten
ihr	dürft	durftet	sollt	solltet
sie/Sie	dürfen	durften	sollen	sollten

weitere Modalverben:
möchten: ich möchte, du möchtest, er/es/sie möchte, wir möchten, ihr möchtet, sie/Sie möchten
mögen: ich mag, du magst, er/es/sie mag, wir mögen, ihr mögt, sie/Sie mögen

Satzklammer in Aussagesätzen und W-Fragen

Am Samstag	kann	ich zu Hause	bleiben.
Wen	willst	du am Abend	anrufen?

Position 2 — Satzende

Im Aussagesatz und in der W-Frage steht das Modalverb auf Position 2. Das Verb steht am Satzende.

Satzklammer in Ja-/Nein-Fragen

Kann	ich	zu Hause	bleiben?
Wollen	wir	am Samstag zusammen	einkaufen?

Position 1 — Position 2 — Satzende

In der Ja-/Nein-Frage steht das Modalverb auf Position 1, das Subjekt steht auf Position 2. Das Verb steht am Satzende.

A1 K5 **18** **Leben mit Hund. Wie heißt die richtige Form? Kreuzen Sie an.**

Hallo liebe Hundefans! ☒

Nun haben wir seit zwei Monaten einen Hund: Malina! Sie ist sehr süß, aber ich (1) ☐ muss ☐ müsst ☐ müssen jeden Morgen mit Malina spazieren gehen – um sieben Uhr! Am Nachmittag (2) ☐ muss ☐ müsst ☐ müssen die Kinder mit Malina im Park spielen, meine Frau und ich (3) ☐ muss ☐ müsst ☐ müssen arbeiten. Die Kinder (4) ☐ will ☐ wollt ☐ wollen lang im Park bleiben, aber sie (5) ☐ kann ☐ könnt ☐ können nicht so lange spielen. Sie (6) ☐ musst ☐ müsst ☐ müssen ja Hausaufgaben machen. Malina (7) ☐ kann ☐ könnt ☐ können dann im Garten spielen oder sie schläft. Am Abend (8) ☐ will ☐ willst ☐ wollt meine Frau einen Film sehen – und ich auch! Aber wer geht mit dem Hund spazieren? Was (9) ☐ kann ☐ können ☐ könnt wir machen?

Hundefan3 Das ist ganz einfach: Ihr (10) ☐ kann ☐ können ☐ könnt abends zuerst zusammen spazieren gehen und dann seht ihr zusammen einen Film!

Rexrex Malina ist süß! Ich (11) ☐ will ☐ wollt ☐ wollen auch einen Hund haben. Oder ich gehe mit Malina spazieren. 😊

A1 K6 **19** **Vor der Party. Antworten Sie mit Modalverb wie im Beispiel.**

1. Lädst du noch Marco ein? → Ja, *ich kann Marco noch einladen.*

2. Bringst du einen Kuchen mit? → Ja, _____

3. Holst du mich von der Arbeit ab? → Ja, _____

4. Kaufst du noch ein? → Ja, _____

5. Fängst du schon mit dem Kochen an? → Ja, _____

A1 K8 **20** **Kinoabend. Lesen Sie die Mail und ergänzen Sie die Modalverben in der richtigen Form.**

Hallo Ramelan, ☒

wie geht es dir? Bist du noch in Hamburg oder (1) *können* wir uns heute Abend treffen?

Ich (2) _____ den neuen Film mit Viola Davis sehen. Hast du auch Lust? Ich

(3) _____ gern die Tickets reservieren. Oder (4) _____ du etwas anderes

machen? Morgen (5) _____ ich zum Arzt gehen und am Abend (6) _____

ich zu Hause bleiben, glaube ich. Am Mittwoch (7) _____ ich aber bestimmt wieder

alles machen, aber leider (8) _____ ich dann noch für eine Prüfung lernen.

(9) _____ du mich vielleicht kurz anrufen?

Liebe Grüße

Sam

A1 K8 **21** Mein Wochenende. Schreiben Sie die Sätze. Beginnen Sie mit dem markierten Satzteil.

1. *Am Wochenende will ich nach Stuttgart fahren.*
   wollen / fahren / ich / nach Stuttgart / am Wochenende

2. _____
   mitkommen / meine Freundin Leah / können / nicht

3. _____
   müssen / sie / arbeiten / das ganze Wochenende

4. _____
   sollen / ich / Leah / ein Geschenk / mitbringen

5. _____
   am Samstag / wollen / besuchen / Freunde / ich

6. _____
   zu einem See / wollen / meine Freunde und ich / fahren

7. _____
   am See / keine Party / feiern / dürfen / man

A2 K2 **22** Ergänzen Sie die Modalverben im Präteritum.

> Entschuldige, ich
> (1) _____ am Wochen-
> ende nicht mit dir joggen. Der
> Arzt hat es verboten, weil ich
> erkältet bin. 😢

> Kein Problem, ich
> (2) _____ arbeiten
> und hatte auch keine Zeit …

> Wo warst du? Wir
> (3) _____ uns
> doch in der Mittagspause
> treffen!

> Tut mir leid! Ich
> (4) _____ nicht
> kommen. Die Besprechung
> hat so lang gedauert.

> Warum arbeitest du schon
> wieder? Du (5) _____
> doch einige Tage zu Hause
> bleiben, hat der Arzt gesagt.

> Ja, aber ich
> (6) _____ heute
> Morgen einen wichtigen
> Kunden besuchen.

A2 K2 **23** Erinnerungen an die Kindheit. Antworten Sie mit Modalverben im Präteritum.

1. ○ Hast du oft im Garten gespielt?
   ● Ja, *ich konnte oft im Garten spielen.* _____

2. ○ Habt ihr zu Hause geholfen?
   ● Ja, _____

3. ○ Hast du abends Freunde getroffen?
   ● Ja, _____

4. ○ Sind die Freunde früh nach Hause gegangen?
   ● Ja, _____

5. ○ Seid ihr manchmal nach der Schule in die Stadt gefahren?
   ● Ja, _____

6. ○ Haben deine Eltern gern Ausflüge mit euch gemacht?
   ● Ja, _____

Verben mit Akkusativ

A1 K4, K5, K6

Nominativ	Verb	Akkusativ	
Ich	besuche	mein**en** Freund.	
Ich	sehe	**ihn**	fast jeden Tag.

weitere Verben mit Akkusativ: anrufen, bestellen, brauchen, essen, finden, fragen, haben, hören, kaufen, kochen, lesen, machen, mögen, nehmen, suchen, trinken, vergessen, verstehen …

A1 K4

24   **Markieren Sie die Verben mit Akkusativ und den Akkusativ.**

Hallo, ich bin Mateo und wohne in Karlsruhe. Ich habe einen Hund. Er heißt Bobby und ist super! Ich mag Tiere! Aber ich habe viele Hobbys! Ich sehe gern Filme und ich lese gern Bücher. Am Wochenende besuchen wir oft Freunde. Dann backe ich einen Kuchen. Oder Mama und Papa bestellen eine Pizza und machen einen Salat. Essen ist wichtig! 😊 😊 😊 Was sind eure Hobbys?

A1 K4

25   **Ergänzen Sie die Artikel im Akkusativ.**

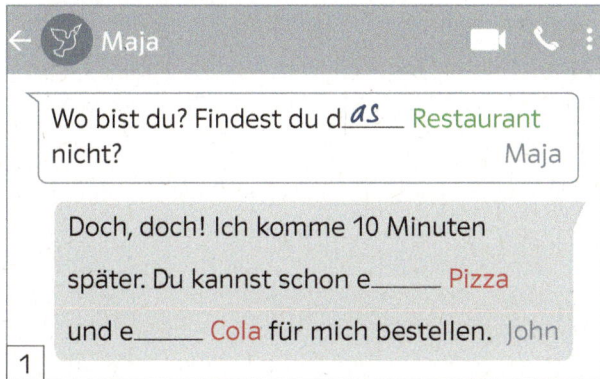

Maja

Wo bist du? Findest du d*as* Restaurant nicht?
     Maja

Doch, doch! Ich komme 10 Minuten später. Du kannst schon e_____ Pizza und e_____ Cola für mich bestellen. John

1

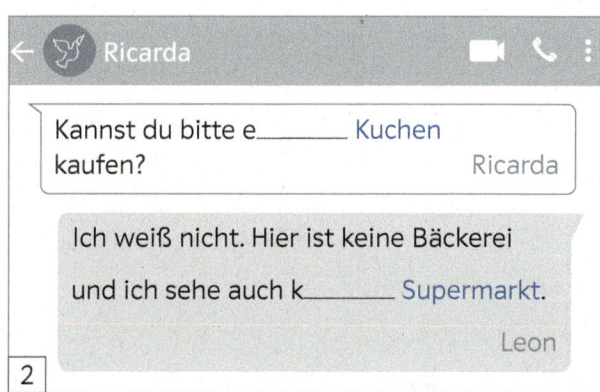

Ricarda

Kannst du bitte e_____ Kuchen kaufen?
     Ricarda

Ich weiß nicht. Hier ist keine Bäckerei und ich sehe auch k_____ Supermarkt.
     Leon

2

Verben mit Dativ

A1 K11

Nominativ	Verb	Dativ
Ich	helfe	ein**em** Freund.
Das Buch	gefällt	**mir**.

weitere Verben mit Dativ: antworten, danken, gehören, glauben, gratulieren, passen, schmecken, stehen …

A1 K11

26   **Geburtstag. Ergänzen Sie die Verben in der richtigen Form.**

stehen | gefallen | helfen | passen | ~~gratulieren~~

1. ○ Mia hat heute Geburtstag. Wir müssen ihr noch __*gratulieren*_____.
   ● Klar, wir können später zu ihr fahren. Sie hat uns eingeladen.

2. ○ Wir müssen noch einen Kuchen backen. Du musst mir _____.
   ● Ja, Moment, ich komme gleich.

3. ○ Das Buch ist echt toll. Es _____ mir total gut.
   ● Ja, das finde ich auch. Ich habe es auch gelesen. Ist das vielleicht ein Geschenk für Mia?

4. ○ Was ziehe ich an? Das Kleid ist schön, oder? Aber es _____ mir leider nicht. Es ist zu groß.
   ● Ich finde es nicht zu groß. Es sieht toll aus und es _____ dir super.

A1 K11 **27** **Auf dem Fest. Wie heißt die richtige Form? Kreuzen Sie an.**

1. Patrick dankt ☐ den ☐ die Gästen für die Geschenke.
2. Die Geschenke gefallen auch ☐ die ☐ der Freundin von Patrick.
3. Seine Mutter gratuliert ☐ ihn ☐ ihm zum Geburtstag.
4. Patrick und seine Freundin haben gekocht. Patricks Vater hat ☐ sie ☐ ihnen geholfen.
5. Das Essen schmeckt ☐ den ☐ die Gästen gut.

A1 K11 **28** **Dativ oder Akkusativ? Ergänzen Sie Artikel oder Pronomen in der richtigen Form.**

1. ○ Siehst du _den_ (der) Mann dort drüben?

   Ist er neu in der Firma?

   ● Keine Ahnung, ich kenne _____ (er) nicht.

2. ○ Kannst du _____ (ich) mal helfen?

   ● Moment, ich lese noch _____ (der) Text,

   dann habe ich Zeit.

3. ○ Schmeckt _____ (du) das Essen in der Kantine?

   ● Ja, ich finde es ganz gut. Ich esse eigentlich jeden

   Tag _____ (ein) Salat.

4. ○ Herr Nowak, gehört diese Tasche _____ (Sie)?

   ● Oh ja, danke. Ich habe _____ (sie) schon gesucht.

5. ○ Franz ist ein super Kollege. Ich mag _____ (er) wirklich sehr.

   ● Stimmt, er ist echt nett.

6. ○ Oh nein, ich habe _____ (der) Termin mit der Chefin vergessen.

   ● Dann ruf _____ (sie) jetzt schnell an.

7. ○ Oh, schon wieder so viele E-Mails! Kannst du _____ (die) vom Marketing antworten?

   ● Nach der Mittagspause. Ich trinke jetzt erst mal _____ (ein) Kaffee.

Verben mit Dativ und Akkusativ   A2 K9

Dativ vor Akkusativ

Nominativ: Wer?	Verb	Dativ: Wem?	Akkusativ: Was?
Der Lehrer	erklärt	den Studenten	die Regeln.
Ich	leihe	euch	meine Bücher.
		Person	Sache

Akkusativ = Pronomen → Akkusativ vor Dativ

	Nominativ: Wer?	Verb	Akkusativ: Was?	Dativ: Wem?
Die Regeln?	Er	erklärt	sie	den Studenten.
Die Bücher?	Ich	leihe	sie	euch.
			Sache	Person

! Der Akkusativ muss nicht immer eine Sache sein: *Ich stelle dir meine Freunde vor.*
weitere Verben: einer Person etwas bringen, empfehlen, geben, schenken, schicken, vorlesen,
vorschlagen, vorstellen, wünschen, zeigen …

A2 K9 **29** **Das neue Fitness-Studio. Dativ oder Akkusativ? Notieren Sie D (Dativ) oder A (Akkusativ).**

Ein Nachbar hat (1) mir _D_ ein neues Fitness-Studio _____

empfohlen. Ich habe (2) meiner Freundin _____ gleich Bilder

vom Studio _____ geschickt und letzte Woche waren wir

zusammen dort. Ein netter Trainer hat (3) es _____ uns _____

gezeigt. Am Ende hat er (4) uns _____ eine Trinkflasche _____

geschenkt. Gestern war dann unser erstes Training in einer

Gruppe mit 20 Personen. Die Trainerin hat (5) der Gruppe _____

alle Übungen _____ gut erklärt. Es hat echt Spaß gemacht!

Meine Freundin hat (6) mir _____ ein Handtuch _____ geliehen.

Heute muss ich (7) es _____ ihr _____ zurückgeben. Deshalb

kaufe ich jetzt Schokolade und bringe (8) sie _____ ihr _____ mit.

A2 K9 **30** **Ergänzen Sie die Antworten mit Pronomen. Achten Sie auf die Satzstellung.**

1. ○ Hat Lena dir den Ball geschenkt? ● Ja, sie hat _ihn mir_ geschenkt.

2. ○ Kannst du mir das Spiel erklären? ● Klar, ich erkläre _____ gerne.

3. ○ Gib Pablo bitte die Sporttasche zurück. ● Ich habe _____ doch schon zurückgegeben.

4. ○ Willst du uns nicht die Fotos vom Klettern zeigen?

   ● Doch, natürlich, ich zeige _____ gerne.

5. ○ Wir suchen ein gutes Fitness-Studio. Wie ist dein Studio? Kannst du _____ empfehlen?

   ● Ja, es ist wirklich super!

Verben mit Präposition   **A2 K11 B1 K4**

sich freuen auf + Akk.	Wir **freuen** uns **auf dich**.
sich erinnern an + Akk.	Er **erinnert** sich **an den** Ausflug.
sprechen mit + Dat.	Sie **spricht mit mir**.

weitere Verben mit Präposition: sich ärgern über + Akk., berichten über + Akk., denken an + Akk., sich entscheiden für/gegen + Akk., sich erkundigen nach + Dat., erzählen von + Dat., sich freuen über + Akk., sich interessieren für + Akk., sich kümmern um + Akk., teilnehmen an + Dat., träumen von + Dat., verzichten auf + Akk., sich vorbereiten auf + Akk., warten auf + Akk. …

A2 K11 **31** **Meine Freizeit. Was passt zusammen? Ordnen Sie zu.**

1. Ich freue mich _____   A über das schlechte Wetter.

2. Ich denke dann nicht _____   B mit meinen Freunden.

3. Ich ärgere mich oft _____   C um meine Großeltern.

4. Ich interessiere mich sehr _____   D auf das Wochenende.

5. Am Samstag treffe ich mich meistens _____   E an die Arbeit.

6. Aber ich kümmere mich auch _____   F für neue Sportarten.

A2 K11 **32** An der Uni. Welche Präposition passt? Kreuzen Sie an.

Neu an der Uni? Unsere Tipps helfen!

- Denk nicht zu viel __1__ Probleme! Freu dich einfach erst mal __2__ den neuen Lebensabschnitt.

- Du weißt nicht, wie das Leben an der Uni funktioniert? Unterhalte dich viel __3__ anderen Studierenden. So findest du es am schnellsten heraus.

- Nimm auf jeden Fall __4__ den Kursen für die neuen Studierenden teil! Dort bekommst du alle wichtigen Informationen.

- Entscheide dich schnell __5__ deine Kurse und Seminare. Sonst bekommst du vielleicht keinen Platz und musst ein Semester warten.

- Bereite dich früh genug __6__ Tests und Prüfungen vor. Vielen Studierenden hilft es, wenn sie mit anderen zusammen lernen.

- Du willst nicht stundenlang in der Bibliothek __7__ Büchern suchen? Dann bestell das nächste Mal alle Bücher rechtzeitig online.

- Komm zu unseren Treffen und rede __8__ anderen Studierenden __9__ deine Erfahrungen und Fragen. → Immer am Dienstag um 17 Uhr in Raum 206!

1	2	3	4	5	6	7	8	9
☒ an	a über	a über	a an	a auf	a an	a für	a mit	a an
b für	b um	b mit	b auf	b für	b auf	b über	b nach	b für
c über	c von	c zu	c für	c mit	c zu	c nach	c zu	c über

→ weitere Übungen auf S. 59 (W-Fragen mit Präposition) und S. 52 (Pronomen und Pronominal-adverbien)

---

reflexive Verben
A2 K4 **B1 K8**

ich	freue **mich**	ziehe **mir** den Pulli an
du	freust **dich**	ziehst **dir** den Pulli an
er/es/sie	freut **sich**	zieht **sich** den Pulli an
wir	freuen **uns**	ziehen **uns** die Pullis an
ihr	freut **euch**	zieht **euch** die Pullis an
sie/Sie	freuen **sich**	ziehen **sich** die Pullis an

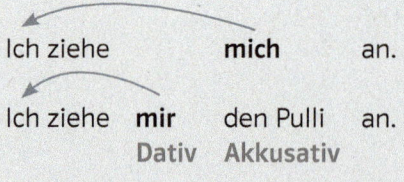

Ich ziehe **mich** an.

Ich ziehe **mir** den Pulli an.
Dativ Akkusativ

Wenn es bei reflexiven Verben ein Reflexivpronomen <u>und</u> ein Akkusativobjekt gibt, steht das Reflexivpronomen im Dativ.

weitere reflexive Verben: sich ärgern, sich ausruhen, sich bedanken, sich beeilen, sich duschen, sich entscheiden, sich entschuldigen, sich erinnern, sich gewöhnen, sich informieren, sich kämmen, sich konzentrieren, sich kümmern, sich langweilen, sich streiten, sich treffen, sich umsehen, sich unterhalten, sich verabschieden, sich vorstellen, sich waschen, sich wohlfühlen …

A2 K4 **33** Welches Reflexivpronomen passt? Markieren Sie.

1. Am Wochenende treffe ich   euch / mich / sich   mit meinen Freunden.
2. Wir freuen   euch / sich / uns   alle immer sehr auf die Treffen.
3. Senja und Timo sind auch immer dabei. Sie streiten   euch / sich / uns   manchmal.
4. Du ärgerst   dich / euch / sich   manchmal darüber.
5. Aber alle unterhalten   dich / sich / uns   gern mit ihnen – ohne sie ist es nicht so lustig.

A2 K4 **34** **In der Firma. Ergänzen Sie die reflexiven Verben.**

sich beeilen | ~~sich treffen~~ | sich entschuldigen | sich ärgern | sich freuen

1. ○ Wollen wir __uns__ gleich __treffen__ ? Ich habe Pause.

   ● Nein, ich kann leider nicht. Ich habe einen Termin und muss _____ _____ .

2. ○ Wir warten schon lange auf die Kunden ... Langsam _____ ich _____ etwas.

   ● Oh, gerade kommt eine Nachricht von ihnen. Sie _____ _____ sehr

   für die Verspätung. Sie haben Probleme mit dem Auto.

3. ○ Deine Präsentation hat allen gut gefallen. _____ du _____ ?

   ● Ja, ich bin wirklich froh!

B1 K8 **35** **Reflexivpronomen im Dativ oder Akkusativ? Kreuzen Sie an.**

	Dativ	Akkusativ
1. ○ Einen Moment, ich muss mir noch schnell die Hände waschen.	☒	☐
2. ● Könnt ihr euch nicht erinnern, wo der Treffpunkt ist?	☐	☐
3. ○ Wo sind denn die anderen? Wir wollten uns doch hier treffen!	☐	☐
4. ● Keine Ahnung, vielleicht verspäten sie sich einfach etwas.	☐	☐
5. ○ Ach, dann unterhalten wir uns jetzt einfach!	☐	☐
6. ● Zieht euch doch erst mal die Jacken aus, es ist so heiß hier.	☐	☐

→ weitere Übungen auf S. 48 (Reflexivpronomen)

---

nicht/kein oder *nur + brauchen + zu* + Infinitiv **B1 K8**

nicht/kein + brauchen + zu	Das **brauchst** du **nicht zu** machen. = Das musst du nicht machen. Er **braucht kein** Fieber **zu** messen. = Er muss kein Fieber messen.
nur + brauchen + zu	Sie **brauchen** mich **nur zu** rufen. = Sie müssen mich nur rufen.

B1 K8 **36** **Schreiben Sie Antworten mit *nicht/kein* oder *nur + brauchen + zu* + Infinitiv.**

1. Ich würde so gern mit dir sprechen!

   Kein Problem: _Du brauchst mich nur_ _anzurufen!_ (anrufen)

2. Es ist so kalt heute – ich war noch gar nicht draußen!

   Ein Spaziergang tut gut. _____ _____ (warm anziehen)

3. Hast du Hunger? Ich hatte noch keine Zeit zu kochen ...

   Wir gehen ins Restaurant. _____ _____ (kochen)

4. Morgen ist die Präsentation und ich bin total nervös!

   Du schaffst das bestimmt. _____ _____ (Angst haben)

5. Mailin hat morgen Geburtstag und ich habe nichts für sie.

   Das habe ich schon erledigt! _____ _____ (Geschenk kaufen)

6. Was müssen wir noch für die Abteilungsfeier vorbereiten?

   Fast nichts mehr! _____ _____ (das Team informieren)

lassen

ich	lass**e**
du	l**ä**ss**t**
er/es/sie	l**ä**ss**t**
wir	lass**en**
ihr	lass**t**
sie/Sie	lass**en**

Sie	**lässt**	ihr Handy	**reparieren**.
Sie	**hat**	ihr Handy	**reparieren** lassen.

Sie repariert ihr Handy.   = Sie macht es selbst.
Sie lässt ihr Handy reparieren. = Sie macht es nicht selbst.

B1 K2 **37** **Selbst machen oder machen lassen? Sehen Sie die Bilder an und schreiben Sie Sätze.**

sein Fahrrad reparieren | Fotos machen | Fotos machen | einen Kuchen backen |
seine Haare schneiden | sein Auto reparieren | ~~ein Programm installieren~~ | Auto fahren

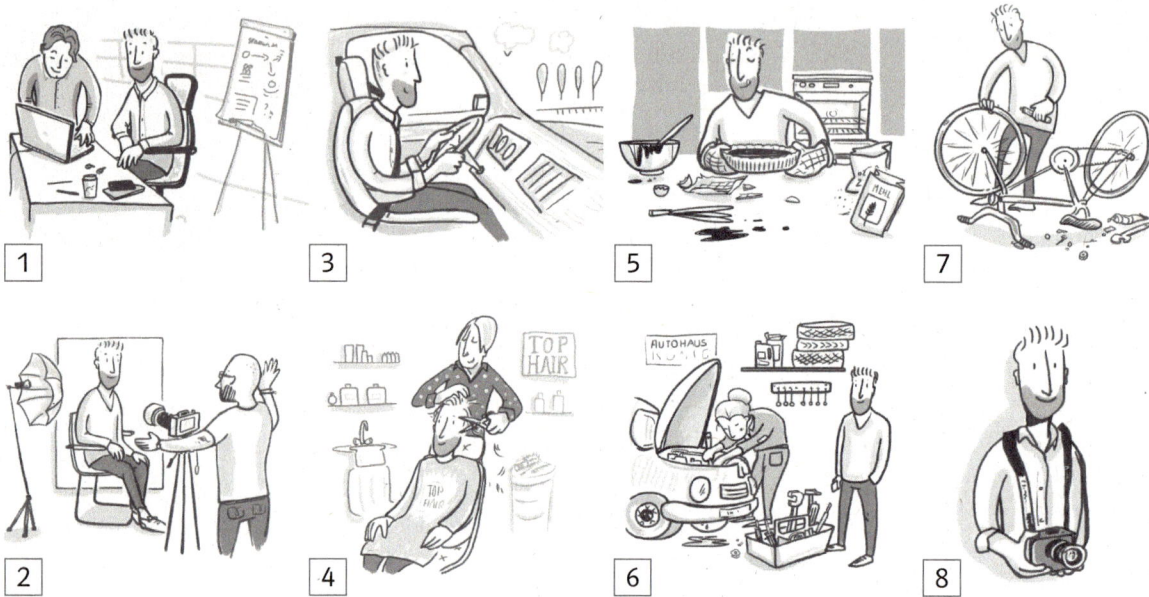

1. *Gabriel lässt ein Programm installieren.*

B1 K2 **38** **Das können auch andere machen! Schreiben Sie die Sätze im Perfekt.**

1. Am Samstag lasse ich meine Wohnung putzen.
   Am Samstag habe ich meine Wohnung putzen lassen.

2. Für die Hochzeit meines Bruders lasse ich meinen Anzug reinigen.
   _____

3. Mein Sohn lässt seine kleine Schwester beim Spielen gewinnen.
   _____

4. Wir lassen uns mittags eine Pizza bringen.
   _____

5. Unsere Nachbarn lassen ihre Küche streichen.
   _____

6. Lasst ihr eure Reifen wechseln?
   _____

Perfekt

haben + Partizip II *sein* + Partizip II	Daniel Er	**hat** **ist**	sechs Stunden nach Hause	**gelernt.** **gefahren.**

Perfekt mit *sein* bei Verben der Ortsveränderung A → 🚶 → B:
fahren – ist gefahren, gehen – ist gegangen, kommen – ist gekommen ...
! *bleiben – ist geblieben, passieren – ist passiert*

Partizip II

regelmäßige Verben: ge...(e)t		unregelmäßige Verben: ge...en	
machen	**ge**mach**t**	fahren	**ge**fahr**en**
arbeiten	**ge**arbei**tet**	bleiben	**ge**bl**ie**b**en**
Verben auf *-ieren:* **...t**		finden	**ge**f**un**d**en**
studieren	studier**t**	gehen	**ge**g**ang**en
telefonieren	telefonier**t**	nehmen	**ge**n**omm**en

! *denken –* **ge**d**ach**t, *wissen –* **ge**w**uss**t

trennbare Verben: Präfix + ge...t/en		nicht trennbare Verben: Präfix + ...t/en	
an|kommen	ist an**ge**komm**en**	bekommen	hat bekomm**en**
um|tauschen	hat um**ge**tausch**t**	gefallen	hat gefall**en**
an|ziehen	hat an**ge**z**og**en	empfehlen	hat empf**oh**l**en**
trennbare Präfixe: *ab-, an-, auf-, aus-,* *ein-, mit-, zu-, zurück-* ...		erzählen	hat erzähl**t**
		nicht trennbare Präfixe: *be-, emp(f)-, ent-,* *er-, ge-, ver-, zer-*	

Perfekt von *sein* und *haben*

Die Perfektformen *ich bin gewesen, ich habe gehabt* verwendet man nur selten.
Man verwendet *ich* **war**, *ich* **hatte**.

---

39 **Markieren Sie die Partizipien und notieren Sie den Infinitiv.**

ADGESPROCHENWRINFORMIERTÄGEKANNTNRUGEFRAGTYLGEKAUFTKI
HEMGEZOGENSÜGENOMMENFDGEWUSSTAAGEFUNDENKIGEHOLFENPAR

gesprochen – sprechen

40 **Ein normaler Tag. Perfekt mit *haben* und *sein*. Was passt? Kreuzen Sie an.**

1. Lina ☐ hat ☐ ist morgens schnell einen Kaffee getrunken.
2. Es war schon spät und sie ☐ hat ☐ ist zur Bushaltestelle gelaufen.
3. Dann ☐ hat ☐ ist sie mit dem Bus zur Arbeit gefahren.
4. Mittags ☐ hat ☐ ist Lina mit einer Kollegin ins Restaurant gegangen.
5. Am Nachmittag ☐ hat ☐ ist sie lange mit Kunden gesprochen.
6. Danach ☐ hat ☐ ist sie viele E-Mails und Rechnungen geschrieben.
7. Sie ☐ hat ☐ ist erst um 19 Uhr nach Hause gekommen.
8. Am Abend ☐ hat ☐ ist sie zu Hause geblieben und ☐ hat ☐ ist
   mit Freunden telefoniert.

A1 K10 **41** **Mein Wochenende. Ergänzen Sie das Partizip II.**

Hallo Ben,

wie geht's? Was hast du am Wochenende (1) _gemacht_____ (machen)? Hast du dich mit

Marie (2) _____ (treffen)? Mein Wochenende war ein bisschen langweilig. Am Sams-

tagvormittag habe ich für die Uni (3) _____ (lernen). Am Nachmittag habe ich in

der Stadt eine Jacke (4) _____ (kaufen). Am Abend habe ich mit meiner Schwester

im Kino einen Film mit Elyas M'Barek (5) _____ (sehen). Am Sonntag habe ich lange

(6) _____ (schlafen), dann bei meinen Eltern zu Mittag (7) _____

(essen) und am Nachmittag habe ich (8) _____ (trainieren).

Du siehst, es ist nichts Besonderes (9) _____ (passieren). Schreib mir bald!

Liebe Grüße

Ella

A1 K11 **42** **Gespräch in der Mittagspause. Ergänzen Sie das Partizip II.**

~~gefallen~~ | aufstehen | einladen | anfangen | anrufen | bestellen | vergessen | besuchen

○ Wie war es in Hamburg? Hat euch die Stadt (1) _gefallen_____?

● Ja, sehr. Danke für den Tipp! Wie war dein freier Tag gestern?

○ Ach, ganz okay. Ich bin erst um 12 Uhr (2) _____ und dann habe ich Fabio

(3) _____, denn er hatte Geburtstag. Der Geburtstagskuchen war total lecker!

Ach, hat Fabio dich auch zu seiner Party (4) _____?

● Ja, klar. Ich habe auch schon ein Geschenk für ihn (5) _____. Sag mal, hast du

denn schon Frau Demir (6) _____?

○ Oh nein, das habe ich total (7) _____! Hoffentlich hat sie noch nicht allein mit

der Präsentation (8) _____.

● Sicher nicht, aber melde dich lieber gleich nach der Pause bei ihr!

A1 K11 **43** **Timur erzählt von seinem Urlaubstag. Berichten Sie im Perfekt.**

09:21 Heute
frühstücke ich spät
und trinke mit
Freunden Kaffee.

11:43 Ich helfe
meinen Freunden
im Garten.

15:02 Ein Traum!
Wir schwimmen
im See und trinken
Limonade.

18:27 Meine
Freundin Ines kommt.
Wir kochen und essen
zusammen.

Am Morgen habe ich spät gefrühstückt und ...

Präteritum

	regelmäßige Verben: -(e)t- + Endung			unregelmäßige Verben: Vokaländerung		
	arbeiten	**ausprobieren**		**sehen**	**gefallen**	
ich	arbeit**e**t**e**	probier**te** aus	-e	s**ah**	gef**ie**l	–
du	arbeit**e**t**est**	probier**test** aus	-est	s**ah**st	gef**ie**lst	-st
er/es/sie	arbeit**e**t**e**	probier**te** aus	-e	s**ah**	gef**ie**l	–
wir	arbeit**e**t**en**	probier**ten** aus	-en	s**ah**en	gef**ie**len	-en
ihr	arbeit**e**t**et**	probier**tet** aus	-et	s**ah**t	gef**ie**lt	-t
sie/Sie	arbeit**e**t**en**	probier**ten** aus	-en	s**ah**en	gef**ie**len	-en
	Verben, die mit *d* oder *t* enden, bilden das Präteritum mit *-et* + Endung.			Bei *ich* und *er/es/sie* gibt es keine Endung.		

! denken – er d**ach**te; wissen – er w**uss**te; bringen – er br**ach**te; mögen – er m**och**te;
kennen – er k**ann**te; nennen – er n**ann**te

über Vergangenes berichten: Perfekt und Präteritum

1. Beim Sprechen oder in persönlichen Texten wie E-Mails verwendet man meistens das **Perfekt**.

2. In offiziellen Texten wie Zeitungsartikeln, Berichten und literarischen Texten verwendet man häufig das **Präteritum**.

3. Einige Verben verwendet man fast immer im Präteritum: *sein*, *haben* und die Modalverben.

*Ich **bin** gestern ins Kino **gegangen**.*
*Ich **habe** einen lustigen Film **gesehen**.*

Sebastian Hilpert **war** zwölf Jahre lang Berufssoldat, aber dann **fühlte** er sich sehr unzufrieden und

*Ich **war** im Kino. Ich **hatte** zuerst keine Lust, aber dann **wollte** ich den Film doch sehen.*

---

44 Die Biografie von Florian Müller. Markieren Sie alle Perfektformen und formulieren Sie den Text dann im Präteritum.

Ich bin in einem kleinen Dorf aufgewachsen. Schon als Kind habe ich auf dem Bauernhof meiner Eltern geholfen. Vormittags bin ich zur Schule gegangen und am Nachmittag habe ich auf dem Hof gearbeitet. Mein Vater hat immer gedacht, dass ich das auch beruflich machen möchte. Aber nach dem Abitur habe ich eine lange Reise gemacht. In dieser Zeit habe ich entschieden, einen anderen Weg zu gehen, und ich habe dann in München Architektur studiert. Direkt nach dem Studium habe ich eine Stelle in einem bekannten Büro gefunden. Ich bin zehn Jahre dort geblieben. Nach zehn Jahren habe ich eine Veränderung gebraucht und ich bin in mein Dorf zurückgegangen. Jetzt lebe und arbeite ich wieder auf dem Hof meiner Eltern.

Florian Müller wuchs in einem kleinen Dorf auf. ...

45 Infinitiv, Präsens, Präteritum, Perfekt. Welche zwei Verbformen gehören zusammen? Ergänzen Sie die fehlenden Formen.

~~gefallen~~ | bot | brachte | entscheiden | nahm | ausgehen | schreiben | ist mitgefahren | empfehlen | ist gewesen | stehen | hat gedacht | stritt | mitfahren | entschied | bietet | schrieb | denkt | geht aus | ~~hat gefallen~~ | hat gebracht | war | hat empfohlen | hat gestanden | nehmen | streiten

gefallen – gefällt – gefiel – hat gefallen

B1 K3 **46** **Vera Dalmassos neues Leben. Perfekt oder Präteritum? Ergänzen Sie die Verben in der richtigen Form.**

arbeiten | sein | ~~kochen~~ | fragen | suchen | haben | können |
sagen | machen | kommen | fühlen | finden

Ein neuer Start

Vera Dalmasso (1) _kochte_ bereits als Jugendliche sehr gerne, besonders Suppen und Nudelgerichte. Am glücklichsten (2) _____ sie, wenn sie ihren Eltern in der Küche ihres Restaurants helfen (3) _____. Trotzdem (4) _____ sie nach der Schule eine Ausbildung bei einer Bank. Acht Jahre (5) _____ sie anschließend dort. Aber zufrieden (6) _____ sie sich nicht. „Ich

(7) _____ ein nettes Team und auch eine gute Chefin. Aber dann (8) _____ mich mein Freund Joseph _____, ob ich Lust habe, ein Café mit ihm zu eröffnen. Ich (9) _____ sofort Ja _____.“ Vera Dalmasso und Joseph (10) _____ ein halbes Jahr nach den richtigen Räumen und (11) _____ schließlich das perfekte Lokal. Seit Anfang Mai gibt es nun das *Café Blume*, wo Vera täglich kocht und backt. „Am Anfang (12) _____ nur unsere Bekannten _____, aber jetzt kennen uns die Leute im Viertel. Ich arbeite mehr als früher, aber ich bin viel glücklicher.“

→ weitere Übungen auf S. 10 (*sein* und *haben*) und S. 12 (Modalverben)

Plusquamperfekt   B1 K7

jetzt	Wir	**fahren** gemeinsam an die Ostsee.		Gegenwart → Präsens
früher	Wir	**studierten** in verschiedenen Städten.		Vergangenheit → Präteritum, Perfekt
	Wir	**haben beschlossen**, uns wieder öfter zu sehen.		
noch früher	Wir	**hatten** uns fast jeden Tag	**getroffen.**	Vorvergangenheit → Plusquamperfekt
	Wir	**waren** viel zusammen	**gereist.**	
		haben/sein im Präteritum	Partizip II	

B1 K7 **47** **Was war vorher passiert? Ordnen Sie die Ausdrücke zu und schreiben Sie Sätze im Plusquamperfekt.**

zwei Stunden durch den Park joggen | ~~den Bus verpassen~~ | den ganzen Tag nichts essen |
im Regen spazieren gehen | eine gute Note bekommen | die ganze Nacht nicht schlafen

1. Britta kam zu spät zur Arbeit.   *Sie hatte den Bus verpasst.* _____

2. Luis hatte großen Hunger.   _____

3. Anna trank eine ganze Flasche Wasser.   _____

4. Sam saß müde im Büro.   _____

5. Marie war glücklich.   _____

6. Vincent war total nass.   _____

Futur I

Ich	**werde**	öfter in der Bibliothek	**lernen.**
Angelo	**wird**	einen Spaziergang	**machen.**
	werden		Infinitiv

So kann man auch Zukunft ausdrücken

Zeitangabe + Verb im Präsens	**Morgen lerne** ich zusammen mit anderen.
Modalverb *wollen* oder *möchten*	Ich **will** nicht mehr alles so spät **machen.**
Verben wie *vorhaben, anfangen* . . .	Ich **habe vor**, am Wochenende zu entspannen.

48 Pläne für die Ferien. Ergänzen Sie die Verben im Futur I.

besichtigen | besuchen | schwimmen | mitkommen | kochen | ~~reisen~~ | sprechen

1. Ich ___werde___ nächsten Sommer nach Italien ___reisen___.

2. Meine Schwester und ich _____ dort meine Großeltern _____.

3. Meine Oma _____ für uns leckere Gerichte _____.

4. Wir _____ mit den Verwandten Italienisch _____.

5. Ich _____ jeden Tag im Meer _____.

6. Meine Schwester _____ ständig alte Kirchen _____.

7. Mein Bruder _____ dieses Jahr leider nicht _____.

49 Festival in meiner Stadt. Formulieren Sie Sätze im Futur I. Beginnen Sie mit dem markierten Ausdruck.

1. ___Nächstes Jahr wird es ein großes Festival geben.___
   werden / geben / nächstes Jahr / es / ein großes Festival / .

2. _____
   werden / auftreten / verschiedene Bands / .

3. _____
   werden / dauern / das Festival / mehrere Tage / .

4. _____
   werden / machen / die Stadt / am letzten Tag / ein Feuerwerk / .

5. _____
   werden / besuchen / ich / jeden Tag / das Festival / .

6. _____
   werden / mitfeiern / du / auch / ?

50 Wie kann man Zukunft noch ausdrücken? Schreiben Sie die Sätze ohne Futur I. Verwenden Sie die Ausdrücke in Klammern.

1. Die Stadt wird ein neues Sportstadion bauen. (vorhaben)
2. Die Architekten werden eine moderne Anlage planen. (wollen)
3. Das Sportstadion wird in drei Jahren fertig sein. (Präsens)
4. Die Jugendlichen werden öfter Sport machen. (anfangen)
5. Die Bauarbeiten werden bald starten. (Präsens)

G Verb

Konjunktiv II A2 K5, K8, K11 B1 K4
Formen

| | sein | haben | Modalverben | | | | | andere Verben: *würde* + Infinitiv werden |
			können	müssen	dürfen	wollen	sollen	
ich	wäre	hätte	könnte	müsste	dürfte	wollte	sollte	würde lesen
du	wärst	hättest	könntest	müsstest	dürftest	wolltest	solltest	würdest fahren
er/es/sie	wäre	hätte	könnte	müsste	dürfte	wollte	sollte	würde besuchen
wir	wären	hätten	könnten	müssten	dürften	wollten	sollten	würden reisen
ihr	wärt	hättet	könntet	müsstet	dürftet	wolltet	solltet	würdet denken
sie/Sie	wären	hätten	könnten	müssten	dürften	wollten	sollten	würden machen

Verwendung

höfliche Bitte **Könnten** Sie mir bitte kurz **helfen**?
Würdest du mir bitte das Buch **geben**?

Wunsch Ich **hätte** gern mehr Zeit.
Ich **würde** dich gern öfter **besuchen**.

Ratschlag Du **solltest** Pausen **machen**.
An deiner Stelle **wäre** ich **pünktlich**.

irreale Bedingung Ich **würde** noch einen Kaffee **trinken**, **wenn** ich Zeit **hätte**.
Wenn ich nicht so lange arbeiten **müsste**, **würde** ich gern mitkommen.

A2 K5 **51** **Sagen Sie es höflicher. Formulieren Sie Bitten mit *könnten*.**

1. Gib mir den Stift! *Könntest du mir bitte den Stift geben?*

2. Könnt ihr mir helfen? _____

3. Machen Sie das Fenster auf! _____

4. Unterschreiben Sie hier! _____

5. Kannst du mir das Buch leihen? _____

6. Ich will einen Kaffee haben! _____

A2 K8 **52** **Gute Ratschläge. Welcher Ratschlag passt wo? Ordnen Sie zu.**

1. ○ Mein Zahn tut so weh! _____

2. ○ Ach, ich schlafe so schlecht ein. _____

3. ○ Meine Freundin und ich sind oft müde und haben wenig Energie. _____

4. ○ Mein Freund hat Probleme mit seinem Rücken. _____

5. ○ Findest du nicht auch, dass wir zu wenig Sport machen? _____

6. ○ Ich habe starke Kopfschmerzen. _____

A ● Ihr solltet weniger arbeiten und euch mehr ausruhen.

B ● Hast du schon eine Tablette genommen? Das könnte helfen.

C ● Er sollte regelmäßig Sport machen.

D ● Du solltest sofort beim Zahnarzt anrufen und einen Termin vereinbaren.

E ● Du könntest abends eine heiße Milch mit Honig trinken.

F ● Stimmt, wir sollten uns in einem Fitness-Studio anmelden.

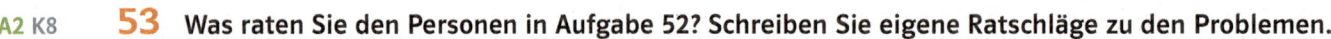

A2 K8 **53** **Was raten Sie den Personen in Aufgabe 52? Schreiben Sie eigene Ratschläge zu den Problemen.**

1. Du könntest eine Schmerztablette nehmen.

A2 K11 **54** **So viele Wünsche! Was ist richtig? Markieren Sie.**

1. Warum ist das Wetter nicht besser? Ich   hätte/wäre/<mark>würde</mark>
so gern spazieren gehen.
2. Ich habe so Hunger. Ich   hätte/wäre/würde   jetzt gern ein
leckeres Sandwich.
3. Es ist so ruhig hier. Ich   hätte/wäre/würde   wirklich gern ein
bisschen Musik hören.
4. Was macht Klara wohl gerade? Ich   hätte/wäre/würde   jetzt
so gern bei ihr.
5. Ach, bin ich müde. Ich   hätte/wäre/würde   jetzt wirklich
gern ein bisschen schlafen.
6. Dieses Büro ist einfach viel zu klein. Ich   hätte/wäre/würde   so gern ein größeres Büro.
7. Jeden Tag im Büro sitzen … Ich   hätte/wäre/würde   viel lieber im Urlaub am Strand.
8. Am Wochenende muss ich auch wieder arbeiten. Ich   hätte/wäre/würde   gern mehr freie Zeit.

A2 K11 **55** **Träume. Ergänzen Sie *hätte*, *wäre* und *würde* in der richtigen Form.**

1. ○ Ich ___*wäre*___ jetzt so gern am Strand in der Sonne. Ich _____ einfach den Tag

genießen.

● Oh ja, das _____ toll! Da _____ ich sofort mitkommen!

2. ○ Ich habe mit Anton gesprochen. Er sagt, dass er an Ostern gern eine Woche Urlaub _____.

Ist das möglich?

● Hm, ich _____ auch gern ein paar Tage frei. Dann _____ meine Kinder und

ich mal wieder zu meinen Eltern fahren.

3. ○ Meine Kinder _____ am liebsten immer mit dem Hund von meinen Eltern spielen. Und

sie _____ so gern einen eigenen Hund.

● Und was ist mit dir? _____ du auch gern ein Haustier?

4. ○ Mika und ich träumen von einem Elektro-Auto. _____ ihr auch gern so ein Auto?

● Nein, wir _____ gern neue Fahrräder. Dann _____ wir viele Ausflüge machen.

B1 K4 **56** **Gespräche im Büro. Ergänzen Sie *können*, *müssen*, *dürfen* und *sollen* im Konjunktiv II.**

1. ○ Warum ist Franca im Büro? Sie _____ mit ihrer Erkältung lieber zu Hause bleiben.

● Du hast recht. Ich will nicht auch krank werden.

2. ○ Kommst du eigentlich zu dem Workshop heute Nachmittag?

● Ich würde kommen, wenn ich nicht eine Präsentation vorbereiten _____. Ich habe

leider nur noch heute Nachmittag dafür Zeit.

3. ○ _____ du mir bitte bei diesem Bericht helfen?

● Ja, klar. Kein Problem.

4. ○ Herr Kowalsi würde gern zur Messe nach Berlin fliegen, wenn er _____.

● Wieso? Hat die Chefin das immer noch nicht genehmigt?

→ weitere Übungen auf S. 74 (irreale Bedingungssätze mit Konjunktiv II)

Passiv

Aktiv →	**Wer** tut etwas?	Der Verein	organisiert	das Fest.
				Akkusativ
Passiv →	**Was** passiert?	Das Fest	**wird** (vom Verein)	**organisiert**.
		Nominativ	*werden*	Partizip II

Im Passivsatz kann man mit *von* + Dativ ausdrücken, **wer** etwas tut.

Bildung

Präsens	*werden* + Partizip II	Das Fest **wird organisiert**.
Präteritum	*wurde* + Partizip II	Das Fest **wurde organisiert**.
Perfekt	*sein* + Partizip II + **worden**	Das Fest **ist organisiert** worden.

Für das Passiv in der Vergangenheit verwendet man meistens das Präteritum.

Passiv mit Modalverb

Das Fest	**muss**		**organisiert**	**werden**.
Im Garten	**sollen**	Tische und Stühle	**aufgestellt**	**werden**.
	Modalverb		Partizip II	*werden* im Infinitiv

B1 K10

57 **Das Stadtfest. Welche Sätze stehen im Aktiv, welche im Passiv? Kreuzen Sie an.**

	Aktiv	Passiv
1. Das Stadtfest wird nächsten Samstag eröffnet.	☐	☒
2. Es wird sicherlich ein großer Erfolg für die Stadt.	☐	☐
3. 500.000 Besucher und Besucherinnen werden offiziell erwartet.	☐	☐
4. Das Fest wurde lange geplant und vorbereitet.	☐	☐
5. Am Wochenende werden bekannte Bands auftreten.	☐	☐
6. Einige berühmte Personen sind eingeladen worden.	☐	☐
7. Die Stadt hofft, dass sie auch alle kommen werden.	☐	☐
8. Das Fest wird sicherlich nächstes Jahr wieder organisiert.	☐	☐

B1 K10

58 **In der Stadt. Ergänzen Sie die Verben im Passiv.**

1. Präsens: Die Altstadt ___*wird*___ im Sommer von vielen

   Touristen ___*besichtigt*___. (besichtigen)

2. Präteritum: Die kaputten Straßen _____ in den letzten

   Jahren _____. (reparieren)

3. Perfekt: Letztes Jahr _____ neue Wohnungen

   _____. (bauen)

4. Präteritum: Das moderne Einkaufszentrum _____ vor

   zwei Jahren _____. (eröffnen)

5. Präsens: In den Kinos _____ die neuesten Filme _____. (zeigen)

6. Perfekt: Für den neuen Park _____ viel Geld _____. (ausgeben)

7. Perfekt: Das Jugendzentrum _____ mit Spenden _____. (finanzieren)

8. Präsens: Jedes Jahr _____ von der Stadt ein großes Sportfest _____.

   (organisieren)

B1 K10 **59** **Chaos in der WG. Was muss oder kann getan werden? Schreiben Sie Sätze im Passiv mit Modalverb.**

1. Die Küche ist ganz schmutzig! (müssen – putzen – einmal pro Woche)
   Die Küche muss einmal pro Woche geputzt werden.

2. Warum liegen hier überall Zeitschriften? (können – wegwerfen)
   _____

3. Im ganzen Wohnzimmer ist Chaos. (müssen – aufräumen)
   _____

4. Warum liegen die Bücher auf dem Tisch? (können – ins Regal stellen)
   _____

5. Die Blumen brauchen Wasser! (müssen – gießen – regelmäßig)
   _____

Nomen

bestimmter Artikel **A1 K2**

maskulin	**der** Stift
neutrum	**das** Buch
feminin	**die** Tablette
Plural	**die** Stifte, Bücher, Tabletten

A1 K2 **60** **In der Stadt. Markieren Sie die Wörter in den richtigen Farben und ergänzen Sie die Artikel.**

1. *das* Restaurant   3. _____ Universität   5. _____ Krankenhaus   7. _____ Kino

2. _____ Hotel   4. _____ Bahnhof   6. _____ Fluss   8. _____ Firma

A1 K2 **61** **Wie heißen die Wörter? Notieren Sie sie mit Artikel.**

   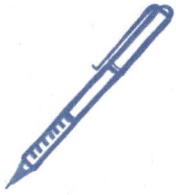

1. *das Auto*   3. _____   5. _____   7. _____

2. _____   4. _____   6. _____   8. _____

Singular und Plural

A1 K2

Endungen	Singular	Plural	weitere Beispiele:
(¨)-	der Kuchen	die Kuchen	die Bäcker, die Enkel
	der Apfel	die Äpfel	die Väter, die Brüder
-(e)n	die Stunde	die Stunden	die Farben, die Gruppen
	die Person	die Personen	die Zahlen, die Nachrichten
(¨)-e	der Tag	die Tage	die Filme, die Küsse
	der Arzt	die Ärzte	die Nächte, die Flüsse
(¨)-er	das Bild	die Bilder	die Kinder, die Eier
	das Buch	die Bücher	die Fahrräder, die Männer
-s	das Auto	die Autos	die Chefs, die Tests

A1 K2

62 Dinge im Rucksack. Wie heißt der Singular? Notieren Sie.

1. die Wörterbücher – das *Wörterbuch*

2. die Bleistifte – der _____

3. die Handys – das _____

4. die Schlüssel – der _____

5. die Jacken – die _____

6. die Tickets – das _____

7. die Flaschen – die _____

8. die Brötchen – das _____

A1 K2

63 In meiner Wohnung. Ergänzen Sie den Plural.

(¨)-	das Fenster – die *Fenster*	(¨)-er	das Buch – die _____
	der Computer – die _____		das Bild – die _____
	der Mantel – die _____		das Handtuch – die _____
-(e)n	die Tür – die _____	-s	das Sofa – die _____
	die Lampe – die _____		das Foto – die _____
	die Blume – die _____		das T-Shirt – die _____
(¨)-e	der Schrank – die _____		
	der Tisch – die _____		
	der Stuhl – die _____		

Kasus

A1 K2, K4, K7 B1 K2

	maskulin	neutrum	feminin	Plural
Nominativ	der Raum	das Zimmer	die Familie	die Gäste
Akkusativ	den Raum	das Zimmer	die Familie	die Gäste
Dativ	dem Raum	dem Zimmer	der Familie	den Gästen
Genitiv	des Raumes	des Zimmers	der Familie	der Gäste

Maskuline und neutrale Nomen mit nur einer Silbe haben im Genitiv Singular die Endung -es:
des Raumes, des Hauses.
Im Dativ Plural haben alle Nomen die Endung *-n*.

B1 K2   **64**   **Das neue Haus. Ergänzen Sie Artikel und Nomen im richtigen Kasus.**

Hallo Miriam,

tut mir leid, dass ich mich so lange nicht gemeldet habe, aber wir sind ja umgezogen und ich hatte

wenig Zeit. Wir wohnen jetzt am Stadtrand. Die Lage (1) _des Hauses_ (das Haus)

ist super und wir haben endlich mehr Platz. Uns gefällt die Aufteilung (2) _____

(die Räume) besonders gut. Das Haus ist nicht neu und wir mussten viel renovieren.

Bei (3) _____ (die Renovierung) haben die Kinder mitgeholfen. Das hat ihnen

viel Spaß gemacht. Die Farbe (4) _____ (die Wände) durften Maja und Felix selbst

aussuchen. Und ich liebe (5) _____ (der Garten)! Er

ist einfach perfekt. Super ist auch, dass hier so viele Familien wohnen.

Maja und Felix haben sich sofort mit (6) _____

(die Kinder) unserer Nachbarn angefreundet.

Komm uns doch mal besuchen. Ich würde mich sehr freuen.
Liebe Grüße
Anja

→ weitere Übungen auf S. 33 (bestimmter, unbestimmter Artikel und Negationsartikel)

Genitiv von Namen: -s   **A2 K1**

die Schwester von Julia → Julia**s** Schwester
die Freunde von Lilly → Lilly**s** Freunde
! die Freundin von Jonas → Jona**s'** Freundin
! *auch nach -ß, -x, -z*: Frau Wei**ß'** Kollegin, Ma**x'** Bruder, Li**z'** Freund

---

A2 K1   **65**   **Antworten Sie wie im Beispiel.**

1. ○ Weißt du, wo das Büro von Liz ist?

   ● Ja, _Liz' Büro_ ist gleich hier links.

2. ○ Ist das hier der Laptop von Greta?

   ● Nein, das ist nicht _____.

3. ○ Ich mag die Chefin von Alex nicht.

   ● Warum? _____ ist doch nett.

4. ○ Wo ist denn Elias? Das sind seine Bücher hier, oder?

   ● Ja, das sind _____.

5. ○ Gehören Franz diese Stifte oder dir?

   ● Nein, mir gehören sie nicht. Das sind _____.

6. ○ Und wie ist der neue Job von Anna?

   ● Hm, Max sagt, _____ ist sehr interessant.

n-Deklination: maskuline Nomen B1 K6

mit Endung -e	*der Kollege, der Junge, der Kunde, der Experte, der Name, der Löwe, der Affe …*
viele Bezeichnungen für Personen, Berufe und Tiere	*der Mensch, der Herr, der Nachbar, der Architekt, der Bauer, der Bär, der Elefant …*
Internationalismen mit Endung -and, -ant, -at, -ent, -graf, -ist und -oge	*der Doktorand, der Praktikant, der Automat, der Student, der Fotograf, der Journalist, der Pädagoge …*

Die Endung ist außer im Nominativ Singular immer **-(e)n**:
*Siehst du den Elefant**en**? Das ist das Auto meines Nachbar**n**.*
Die meisten Nomen der n-Deklination bezeichnen Menschen und Tiere.

B1 K6 **66** **Gespräch im Büro. Welche Form ist richtig? Kreuzen Sie an.**

○ Sag mal, kennst du den neuen (1) ☐ Kollege ☐ Kollegen schon?

● Ja, ich habe kurz mit ihm gesprochen. Wie heißt er noch mal? Ich kann mich nicht an seinen (2) ☐ Name ☐ Namen erinnern.

○ Er heißt mit (3) ☐ Nachname ☐ Nachnamen Esposito. Hatten wir nicht mal einen (4) ☐ Praktikant ☐ Praktikanten, der so hieß?

● Stimmt. Du, mir fällt gerade ein: Hast du eigentlich mit dem (5) ☐ Lieferant ☐ Lieferanten gesprochen?

○ Ich habe da zehnmal angerufen, aber kein (6) ☐ Mensch ☐ Menschen ist ans Telefon gegangen.

● Echt? Komisch! Aber habt ihr wenigstens das Problem mit dem Computerprogramm gelöst?

○ Noch nicht. Ich denke, wir müssen da einen (7) ☐ Experte ☐ Experten holen. So, jetzt muss ich los. Gleich ist der Termin mit dem wichtigen (8) ☐ Kunde ☐ Kunden aus Köln.

● Alles klar! Ich brauche erst mal einen Kaffee. Hoffentlich funktioniert der (9) ☐ Automat ☐ Automaten wieder. Also, ciao!

○ Tschüs.

Adjektive als Nomen B1 K11

der Obdachlose ~~Mann~~	**ein O**bdachlos**er** ~~Mann~~
die Angestellt**e** ~~Bäckerin~~	**eine A**ngestellt**e** ~~Bäckerin~~
die Verletzt**en** ~~Menschen~~	**– V**erletzt**e** ~~Menschen~~

Adjektive als Nomen haben die gleiche Endung wie Adjektive vor Nomen.
In Wörterbüchern haben sie die Angabe *der/die*: *der/die Bekannte*

weitere Adjektive als Nomen: der/die Angehörige, der/die Arbeitslose, der/die Auszubildende, der/die Bekannte, der/die Deutsche, der/die Erwachsene, der/die Jugendliche, der/die Kranke, der/die Verwandte …

B1 K11   **67**   **Kurze Meldungen. Ergänzen Sie die Nomen in der richtigen Form.**

der/die Arbeitslose | der/die Verletzte | der/die Angestellte |
der/die Jugendliche | der/die Verwandte

A   **Interkulturelles Fest im Bürgerzentrum!**

Wann: 13.05.

Beginn: 14 Uhr

Ende: 23 Uhr

Bringt eure Nachbarn, Freunde und

_____ mit!

B   **Türen zu bei Kielmann**

Die Firma Kielmann schließt zum Ende des Jahres.
800 Menschen verlieren so ihre Arbeit.

„Ich habe Angst vor dem Leben als

_____", sagt ein

_____, der 25 Jahre

für die Firma gearbeitet hat.

C   **Schwerer Unfall auf der A8**

Auf der A8 gab es gestern gegen Abend einen schweren Unfall, bei dem mehrere Menschen verletzt

wurden. Die _____ wurden in die Uniklinik Ulm geflogen. Unter ihnen ist

auch ein 14-jähriges Mädchen. Die _____ wurde sofort operiert.

Artikelwörter

bestimmter, unbestimmter Artikel und Negationsartikel   **A1 K2, K3, K4, K7, K11 B1 K2**

	Nominativ	Akkusativ	Dativ	Genitiv
maskulin	der/ein/kein	den/einen/keinen	dem/einem/keinem	des/eines/keines
	Mann	Mann	Mann	Mannes
neutrum	das/ein/kein	das/ein/kein	dem/einem/keinem	des/eines/keines
	Kind	Kind	Kind	Kindes
feminin	die/eine/keine	die/eine/keine	der/einer/keiner	der/einer/keiner
	Frau	Frau	Frau	Frau
Plural	die/–/keine	die/–/keine	den/–/keinen	der/[ ]*/keiner
	Kinder	Kinder	Kindern	Kinder

* Beim unbestimmten Artikel im Genitiv gibt es keinen Plural. Man verwendet die Präposition *von* +
Dativ: *Sie bekommt viele Nachrichten von Freunden.*

A1 K3   **68**   **Ein schönes Hotel. Ergänzen Sie den bestimmten oder den unbestimmten Artikel im Nominativ.**

Willkommen im *Hotel am See!*

(1) _Das_ Hotel am See ist (2) _____ Hotel in Stuttgart-Mitte.

(3) _____ Bahnhof ist nur 500 m entfernt. (4) _____ Bus Nummer

16 fährt Sie direkt zum Bahnhof. Auch (5) _____ Rathaus ist nur

50 m entfernt und (6) _____ Kirche St. Anna ist direkt neben

Ihrem Hotel. Wir haben 30 Zimmer. (7) _____ Zimmer sind

alle groß und schön. Im Hotel ist auch (8) _____ Restaurant.

(9) _____ Restaurant ist täglich von 18–24 Uhr geöffnet.

A1 K3 **69** **Ergänzen Sie** *kein/e* **und** *ein/e* **im Nominativ.**

1. ○ Ist das ein Restaurant? ● Nein, das ist _kein_ Restaurant, das ist _ein_ Café.

2. ○ Ist das eine U-Bahn? ● Nein, das ist _____ U-Bahn, das ist _____ Zug.

3. ○ Ist das eine Universität? ● Nein, das ist _____ Universität, das ist _____ Schule.

4. ○ Ist das ein Kino? ● Nein, das ist _____ Kino, das ist _____ Theater.

5. ○ Ist das ein See? ● Nein, das ist _____ See, das ist _____ Fluss.

6. ○ Ist das eine Kirche? ● Nein, das ist _____ Kirche, das ist nur _____ Turm.

A1 K4 **70** **Ergänzen Sie die unbestimmten Artikel im Akkusativ.**

Wir brauchen …
- _eine_ Gurke
- _____ Tomaten
- _____ Stück Käse
- _____ Orangensaft
- _____ Banane
- _____ Brot
- _____ Joghurt

A1 K4 **71** **Ergänzen Sie** *kein/e* **im Nominativ und Akkusativ.**

1. ○ Ich gehe in den Park. Kommst du mit?

   ● Ich habe leider _____ Zeit.

2. ○ Wir haben _____ Bananen und Äpfel mehr.

   ● Das ist _____ Problem, ich gehe gleich einkaufen.

3. ○ Möchtest du auch einen Kaffee?

   ● Nein, danke. Ich trinke _____ Kaffee.

A1 K7 **72** **Das Abendessen. Welcher Artikel passt? Kreuzen Sie an.**

Ich komme später! Ich spreche jetzt noch mit (1) ☐ die ☐ der Chefin über die Kunden. Dann kaufe ich für (2) ☐ das ☐ dem Abendessen mit Clara und Finn ein.

Super! Geh bitte auch noch zu (3) ☐ der ☐ den ☐ dem Supermarkt am Viktoriaplatz und bring (4) ☐ der ☐ den ☐ dem Käse aus Frankreich mit. Der ist so lecker! Ich mache schon mal (5) ☐ ein ☐ einen ☐ einem Salat.

Okay. Ich fahre dann mit (6) ☐ die ☐ der U-Bahn zum Viktoriaplatz. Ach, und Clara bringt (7) ☐ ein ☐ einen ☐ einem Kuchen mit.

Ah, gut! Dann essen wir (8) ☐ kein ☐ keinem Eis. Bis später!

B1 K2 **73** **Genitiv. Formulieren Sie um.**

1. das Haus von einer Familie → *das Haus einer Familie*

2. der Rucksack von dem Mann → _____

3. das Handy von der Frau → _____

4. das Fahrrad von einem Kind → _____

5. der Ball von dem Hund → _____

6. die Jacken von den Gästen → _____

7. der Laptop von einem Freund → _____

Possessivartikel

A1 K5 A2 K2 B1 K2

	maskulin	neutrum	feminin	Plural
ich	**mein** Sohn	**mein** Kind	**meine** Tochter	**meine** Eltern
du	**dein** Sohn	**dein** Kind	**deine** Tochter	**deine** Eltern
er	**sein** Sohn	**sein** Kind	**seine** Tochter	**seine** Eltern
es	**sein** Sohn	**sein** Kind	**seine** Tochter	**seine** Eltern
sie	**ihr** Sohn	**ihr** Kind	**ihre** Tochter	**ihre** Eltern
wir	**unser** Sohn	**unser** Kind	**unsere** Tochter	**unsere** Eltern
ihr	**euer** Sohn	**euer** Kind	**eure** Tochter	**eure** Eltern
sie	**ihr** Sohn	**ihr** Kind	**ihre** Tochter	**ihre** Eltern
Sie	**Ihr** Sohn	**Ihr** Kind	**Ihre** Tochter	**Ihre** Eltern

Kasus

		Nominativ		Akkusativ		Dativ		Genitiv
der	kein	mein Hund	kein**en**	mein**en** Hund	kein**em**	mein**em** Hund	kein**es**	mein**es** Hundes
das	kein	mein Kind	kein	mein Kind	kein**em**	mein**em** Kind	kein**es**	mein**es** Kindes
die	keine	meine Mutter	keine	meine Mutter	keiner	meiner Mutter	keiner	meiner Mutter
die	keine	meine Eltern	keine	meine Eltern	keinen	meinen Eltern	keiner	meiner Eltern

A1 K5 **74** **Im Kleiderschrank. Was passt zusammen? Ordnen Sie zu.**

dein T-Shirt | eure Pullover | Ihr Anzug | ihre Schuhe | ihre Schuhe |
~~meine Jacke~~ | seine Hose | seine Hose | unsere Schals

1. ich – *meine Jacke*

2. du – _____

3. er – _____

4. es – _____

5. sie – _____

6. wir – _____

7. ihr – _____

8. sie – _____

9. Sie – _____

A1 K5
75 Auf dem Sommerfest. Ergänzen Sie die Possessivartikel.

seine | ~~Ihre~~ | unser | meine | eure | ihre | deine | mein

1. ○ Ach, hallo, Herr Yilmaz, ist _Ihre_ Frau auch hier?

   ● Nein, leider nicht. Sie besucht _____

      Mutter. Sie ist krank.

2. ○ Sag mal, Lina, wie heißen eigentlich

      _____ Kinder?

   ● Also, _____ Sohn heißt Jan und

      _____ Tochter heißt Paula.

3. ○ Sieh mal, da ist Alexander. Aber wer ist die Frau?

   ● Das ist _____ Schwester. Sie wohnt in Berlin.

4. ○ Weißt du, mein Freund und ich haben einen Hund. _____ Hund heißt Flocke.

   ● Oh, das ist ein schöner Name.

5. ○ Rina und Hassan, _____ Kollegen suchen euch. Ihr müsst jetzt singen.

A2 K2
76 Meine Kollegen und ich. Was passt? Kreuzen Sie an.

Also, in (1) ☐ mein ☐ meinem Büro ist immer viel los. (2) ☐ Meine ☐ Meinen Kollegen
kommen oft spät. Sie müssen (3) ☐ ihre ☐ ihren Kinder noch in die Schule bringen.
(4) ☐ Unser ☐ Unseren Chef kommt mit (5) ☐ sein ☐ seinem Fahrrad in die Firma. Ich fahre
immer mit (6) ☐ mein ☐ meinem Auto.
Wir haben auch eine Küche. In (7) ☐ unsere ☐ unserer Küche trinken wir in den Pausen Kaffee.
(8) ☐ Unsere ☐ Unseren Gespräche dort sind wichtig für mich, weil ich (9) ☐ meine ☐ meinen
Kollegen sehr mag. Manchmal holt auch der Chef kurz (10) ☐ seinen ☐ seinem Kaffee. Dann sagt er:
„(11) ☐ Eure ☐ Eurer Pause ist gleich vorbei. Die Kunden warten schon auf (12) ☐ eure ☐ euren
Anrufe." Aber er lächelt nett und wir reden noch kurz weiter. Dann gehen wir alle wieder in
(13) ☐ unsere ☐ unseren Büros.

B1 K2
77 So ein Chaos! Korrigieren Sie die Sätze.

1. Mein Auto fährt gern mit seiner alten Mutter.

   → *Meine Mutter fährt gern mit ihrem alten Auto.* _____

2. Der Freund meiner Katze ist so süß.

   → _____

3. Mein Motorrad verkauft heute seinen Bruder.

   → _____

4. Mein Job lieben ihre Schwestern.

   → _____

5. Unser Handy spielt oft mit seiner Tochter.

   → _____

6. Die Freundin meines Hauses ist echt schön.

   → _____

Interrogativartikel

Welcher? Welches? Welche?

	Nominativ	Akkusativ	Dativ
der Mantel	Welch**er** Mantel?	Welch**en** Mantel?	Mit welch**em** Mantel?
das Kleid	Welch**es** Kleid?	Welch**es** Kleid?	Mit welch**em** Kleid?
die Jacke	Welch**e** Jacke?	Welch**e** Jacke?	Mit welch**er** Jacke?
die Schuhe	Welch**e** Schuhe?	Welch**e** Schuhe?	Mit welch**en** Schuh**en**?

Was für ein/e?

	Nominativ	Akkusativ	Dativ
der Mantel	Was für **ein** Mantel?	Was für **einen** Mantel?	Mit was für **einem** Mantel?
das Kleid	Was für **ein** Kleid?	Was für **ein** Kleid?	Mit was für **einem** Kleid?
die Jacke	Was für **eine** Jacke?	Was für **eine** Jacke?	Mit was für **einer** Jacke?
die Schuhe	Was für – Schuhe?	Was für – Schuhe?	Mit was für – Schuh**en**?

Die Antwort auf Fragen mit *Was für ein/e* hat meistens den unbestimmten Artikel:

○ Was für einen Film möchtest du gern sehen?

● Am liebsten **eine** romantische Komödie.

---

78 Im Kaufhaus. Was passt? Kreuzen Sie an.

1. ○ ☐ Welcher ☐ Welches ☐ Welche T-Shirt gefällt dir? ● Das blaue.
2. ○ ☐ Welchen ☐ Welches ☐ Welche Bluse findest du gut? ● Die grüne Bluse gefällt mir sehr.
3. ○ Zu ☐ welchen ☐ welchem ☐ welcher Anzug passt dieses Hemd? ● Zum braunen Anzug.
4. ○ ☐ Welcher ☐ Welchen ☐ Welchem Mantel nimmst du jetzt? ● Ich glaube, den roten.
5. ○ ☐ Welche ☐ Welchen ☐ Welchem Schuhe soll ich kaufen?
   ● Nimm die schwarzen. Die sind günstig.

79 Verschiedene Sachen. Ergänzen Sie *was für ein* oder *welche* in der richtigen Form.

1. ○ Ich hätte gern ein Stück Kuchen.

   ● *Was für einen* Kuchen möchten Sie:

   mit Obst oder mit Schokolade?

   ○ Lieber einen Schokokuchen.

2. ○ Ich suche ein Geschenk für meinen Vater.

   ● _____ Geschenk suchen Sie?

   ○ Vielleicht ein Buch – so wie letztes Jahr.

   ● _____ Buch war das?

   Ein Krimi?

   ○ Nein, ein Buch über Geschichte.

3. ○ _____ Foto gefällt Ihnen

   besser: das rechte oder das linke?

   ● Ich glaube, das rechte Foto passt besser

   für meine Bewerbung.

4. ○ Schau mal, die Jacke gefällt mir gut.

   ● _____ Jacke meinst du?

   Die rote hier?

   ○ Genau. Aber: Ist sie warm genug?

   ● _____ Jacke brauchst du denn?

   ○ Eine richtige Winterjacke.

5. ○ Ich kann mich nicht entscheiden.

   _____ Pizza soll ich

   nehmen? Die mit Salami oder die mit Schinken?

   ● Keine Ahnung, aber ich möchte jetzt bestellen.

6. ○ Mit _____ Bus fahren wir?

   Mit Nummer 3 oder 5?

   ● Ach, komm, wir gehen zu Fuß.

G Artikelwörter

A1 K11 B1 K2

Demonstrativartikel

	Nominativ	Akkusativ	Dativ	Genitiv
der Mantel	dieser Mantel	diesen Mantel	mit diesem Mantel	dieses Mantels
das Kleid	dieses Kleid	dieses Kleid	mit diesem Kleid	dieses Kleides
die Jacke	diese Jacke	diese Jacke	mit dieser Jacke	dieser Jacke
die Schuhe	diese Schuhe	diese Schuhe	mit diesen Schuhen	dieser Schuhe

A1 K11 **80** **Vor der Party. Was passt zusammen? Ordnen Sie zu.**

1. Was soll ich bloß anziehen? _____
2. Welchen Wein nehmen wir mit? _____
3. Wo sind meine Schuhe? Ich finde sie nicht. _____
4. Was schenkst du Lukas eigentlich? _____
5. Welche Tasche nimmst du mit? _____

A Meinst du diese hier?
B Diese hier. Da haben auch die Geschenke Platz.
C Diesen hier. Der schmeckt sehr gut.
D Zieh dieses Hemd an. Das sieht toll aus!
E Ich bringe ihm dieses Bild mit. Schön, oder?

A1 K11 **81** **Auf der Party. Was ist richtig? Kreuzen Sie an.**

○ Na, (1) ☐ welche ☐ welchen ☐ welcher Kuchen schmeckt dir besser?
● Der hier schmeckt mir gut. Aber (2) ☐ diese ☐ diesen ☐ dieser Kuchen ist auch lecker.
○ Oh, schön! (3) ☐ Diese ☐ Diesen ☐ Dieser Kuchen habe ich gebacken. (4) ☐ Welche ☐ Welches
  ☐ Welchem Gericht ist denn von dir?
● Ich habe (5) ☐ diese ☐ diesem ☐ diesen Salat hier vorn gemacht. Es ist mein Lieblingssalat.
○ Dann probiere ich den gleich mal. Lukas hat tolle Geschenke bekommen, oder?
● Ja, stimmt! (6) ☐ Welche ☐ Welchen ☐ Welches Geschenk ist von dir?
○ Ich habe ihm (7) ☐ diese ☐ dieses ☐ diesen Buch geschenkt, das ist ein Krimi. Und du?
● Ich habe ihm Blumen geschenkt.
○ (8) ☐ Welche ☐ Welchen ☐ Welches Blumen denn? Diese hier?
● Genau, und (9) ☐ diese ☐ diesen ☐ dieser Tasse hier ist auch von mir!

irgendein/-eine/-welche

B1 K11

als Artikelwort
→ Singularformen wie _ein/eine_: _Wir suchen **irgendein** Café._
→ Pluralformen mit _welche_: _Gibt es hier **irgendwelche** Cafés?_
als Pronomen
→ Formen wie _ein/eine_ als Pronomen: _Café? Wir finden **irgendeins**._

B1 K11 **82** **Neu in der Stadt. Ergänzen Sie.**

irgendein | irgendeine | irgendeinen | irgendwelche

○ Gibt es hier in der Nähe (1) _____ gutes Restaurant?

● Ja, klar. Geh mal ins Restaurant Miro! Da gibt es gutes veganes Essen!

○ Und noch eine Frage: Gibt es hier auch (2) _____ Second-Hand-Läden?

● Da musst du Billa fragen. Aber (3) _____ Laden gibt es hier sicher. Hast du noch

  (4) _____ Frage?

○ Nein, gerade nicht. Danke.

> → weitere Übungen auf S. 50 (Artikelwörter als Pronomen)

Adjektiv

sein + Adjektiv

> Die Wohnung **ist teuer.**
> Die Wohnung **ist nicht billig.**
> Die Wohnung **ist sehr teuer.**
> Die Wohnung **ist zu teuer.**

A1 K9 **83** **Irinas Wohnung. Schreiben Sie Sätze. Beginnen Sie mit dem markierten Ausdruck.**

1. sein / <u>die Küche</u> / in Irinas Wohnung / groß / sehr
   Die Küche in Irinas Wohnung ist sehr groß.

2. sein / <u>das Schlafzimmer</u> / das Wohnzimmer / und / klein
   _____

3. sein / <u>ihr Bett</u> / für das Schlafzimmer / groß / zu
   _____

4. sein / <u>der Schrank</u> / im Wohnzimmer / alt / sehr
   _____

5. sein / <u>die Bilder</u> / an den Wänden / schön
   _____

6. sein / <u>die Wohnung</u> / teuer / nicht
   _____

Komparativ und Superlativ

	Komparativ	Superlativ
billig	billig**er**	**am** billig**sten**
leicht	leicht**er**	**am** leicht**esten**
groß	gr**öß**er	**am** gr**öß**ten
kurz	k**ü**rz**er**	**am** k**ü**rz**esten**
teuer	teu**er**	**am** teuer**sten**
nah	n**ä**her	**am** n**ä**ch**sten**
gut	**besser**	**am** **besten**
gern	**lieber**	**am** **liebsten**
viel	**mehr**	**am** **meisten**

Viele kurze Adjektive haben im Komparativ und Superlativ einen Umlaut.
Viele Adjektive mit der Endung *d, t, s/ss/ß* oder *z* bilden den Superlativ mit *-esten*.

A2 K3 **84** *schön, schöner, am schönsten.* **Ergänzen Sie die fehlenden Formen.**

1. *klein* – _____ – _____
2. _____ – *wärmer* – _____
3. *sauber* – _____ – _____
4. _____ – *kälter* – _____
5. _____ – _____ – *am lautesten*

6. _____ – *toller* – _____
7. *jung* – _____ – _____
8. _____ – _____ – *am dunkelsten*
9. *gern* – _____ – _____
10. *gut* – _____ – _____

A2 K3 **85 Am Wochenende. Ergänzen Sie den Komparativ.**

Am Wochenende …

1. … gehe ich _später_____ (spät) ins Bett.

2. … schlafe ich _____ (lang).

3. … koche ich _____ (oft).

4. … lese ich _____ (viel).

5. … arbeite ich _____ (wenig).

6. … läuft die Zeit einfach _____ (schnell).

A2 K3 **86 In Deutschland. Ergänzen Sie den Superlativ und ordnen Sie die Antwort zu.**

1. Welche Stadt ist _____ (groß)? _____   A Die Uni Heidelberg.

2. Welcher Fluss ist _____ (lang)? _____   B Die Zugspitze.

3. Welcher Berg ist _____ (hoch)? _____   C Das Oktoberfest.

4. Welche Universität ist _____ (alt)? _____   D Berlin.

5. Welches Fest ist _____ (berühmt)? _____   E Der Rhein.

→ weitere Übungen auf S. 44 (Komparativ und Superlativ vor Nomen)

Vergleiche mit *als* und *wie*   A2 K3

> Das Tablet ist **praktischer als** der Laptop.
> Der Laptop ist **(genau)so praktisch wie** das Tablet.
> Der Laptop ist **nicht so leicht wie** das Tablet.

A2 K3 **87 Meine Geräte. Was ist richtig: *als* oder *wie*? Kreuzen Sie an.**

1. Ich spiele mehr Spiele auf dem Handy ☐ als ☐ wie   am Computer.
2. Das Tablet benutze ich auch nicht so viel ☐ als ☐ wie   das Handy.
3. Diese Kopfhörer finde ich viel besser ☐ als ☐ wie   die anderen.
4. Mit meinem Fahrrad bin ich nicht so schnell ☐ als ☐ wie   mit meinem E-Bike.
5. Aber mit meinem Auto kann ich natürlich viel weiter fahren ☐ als ☐ wie   mit dem E-Bike.

A2 K3 **88 Vergleiche. Schreiben Sie Sätze mit *als* oder *wie*.**

1. Tim möchte zum Geburtstag lieber ein Handy _als_____ ein Tablet.

2. Azra liest genauso gern Blogs _____ Reportagen.

3. Leon schickt seinen Freunden öfter Fotos _____ Sprach-Nachrichten.

4. Karim macht genauso gern online Übungen _____ in einem Buch.

5. Naira sieht Filme lieber zu Hause _____ im Kino.

6. Ben kauft seltener Bücher _____ E-Books.

A2 K3 **89** **Meine Freunde. Schreiben Sie Sätze mit *als* oder *wie*.**

1.	*Lucia* 21 Jahre	*Hannah* 28 Jahre	4.	*Tom* 1,85 m	*Luca* 1,85 m
2.	*Cem* Handy: 250 €	*Nils* Handy: 250 €	5.	*Elif* gut Basketball spielen ++	*Laura* gut Basketball spielen +
3.	*Tarik* gern Pizza essen 😊	*Florian* gern Pizza essen 😊	6.	*Maja* joggen: Montag, Mittwoch, Samstag	*Elena* joggen: Dienstag

1. <u>*Lucia ist jünger als Hannah. / Hannah ist älter als Lucia.*</u>

2. _____

3. _____

4. _____

5. _____

6. _____

Adjektive nach dem bestimmten Artikel   **A2 K5 B1 K2**

	der	**das**	**die**	**die**
Nom	der schwarz**e** Rock	das weiß**e** T-Shirt	die weiß**e** Bluse	die bequem**en** Schuhe
Akk	den schwarz**en** Rock	das weiß**e** T-Shirt	die weiß**e** Bluse	die bequem**en** Schuhe
Dat	dem schwarz**en** Rock	dem weiß**en** T-Shirt	der weiß**en** Bluse	den bequem**en** Schuhe**n**
Gen	des schwarz**en** Rock**es**	des weiß**en** T-Shirt**s**	der weiß**en** Bluse	der bequem**en** Schuhe

---

A2 K5 **90** **Kurze Gespräche. Kreuzen Sie die richtige Form an.**

1. ○ Und wie ist der ☐ neue ☐ neuen Job?
   ● Super! Ich arbeite jetzt bei der ☐ nette ☐ netten Ärztin in der Müllerstraße und die
   Arbeit macht wirklich Spaß!

2. ○ Sieh mal, die ☐ freundliche ☐ freundlichen Frau aus dem Nachbarhaus hat mir die
   ☐ alte ☐ alten Bücher hier gegeben.
   ● Die sind aber sehr alt! Willst du die wirklich lesen?

3. ○ Ist das nicht der ☐ bekannte ☐ bekannten Schauspieler aus der ☐ spannende
   ☐ spannenden Serie?
   ● Oh ja, das ist er wirklich!

4. ○ Gehen wir heute in das ☐ schöne ☐ schönen Restaurant am Marktplatz?
   ● Ja, gerne. Von dem ☐ gute ☐ guten Essen dort habe ich schon gehört.

5. ○ Die Wohnung ist aber toll!
   ● Danke. Komm, ich zeige dir die ☐ ganze ☐ ganzen Wohnung. Dann siehst du auch die
   ☐ große ☐ großen Küche und den ☐ kleine ☐ kleinen Garten.

A2 K5 **91** **Das mag ich. Ergänzen Sie die Endungen.**

1. Ich gehe gern in den groß*en* Park in meiner Straße.

2. Dort sitze ich oft an dem breit_____ Fluss und entspanne mich.

3. Ich höre auch gern die toll_____ Musik von Felix Jaehn und Robin Schulz.

4. Ich esse gern in den gemütlich_____ Cafés in der Victoriastraße.

5. Das lecker_____ Essen dort ist auch gar nicht teuer.

6. Manchmal treffe ich dort die nett_____ Frau aus meinem Haus und wir trinken einen Kaffee.

7. Am Wochenende fahre ich auch oft an den klein_____ See in der Nähe.

8. Dann schwimme ich für eine Stunde. Das warm_____ Wasser dort ist wunderbar.

Adjektive nach dem unbestimmten Artikel **A2 K6** **B1 K2**

	der	das	die	die
Nom	ein schön**er** Abend	ein toll**es** Konzert	eine gut**e** Sängerin	günstig**e** Preise
Akk	einen schön**en** Abend	ein toll**es** Konzert	eine gut**e** Sängerin	günstig**e** Preise
Dat	einem schön**en** Abend	einem toll**en** Konzert	einer gut**en** Sängerin	günstig**en** Preise**n**
Gen	eines schön**en** Abend**s**	eines toll**en** Konzert**s**	einer gut**en** Sängerin	günstig**er** Preise

kein- und *mein-, dein-, . . .*
Im Singular wie nach dem unbestimmten Artikel: *Das ist ein/kein/sein schön**es** Restaurant.*
Die Pluralendung ist nach einem Artikelwort immer *-en*: *Das sind die/keine/unsere günstig**en** Preise.*

A2 K6 **92** **Freizeittipps. Welche Endung ist richtig? Markieren Sie.**

Unsere (1) aktuelle/**aktuellen** Freizeittipps fürs Wochenende

Nach einer (2) lange/langen Woche ist endlich Freitag, aber ihr wisst noch nicht, was ihr an diesem Wochenende machen solltet? Wir haben (3) tolle/tollen Vorschläge für euch:

Tipp 1: Am Viktoriaplatz gibt es ein (4) neues/neuen Café und dort findet am Samstag ein (5) großes/großen Fest statt. Ab 15 Uhr könnt ihr Musik von einem (6) junger/jungen Sänger aus Köln hören.

Tipp 2: Eine (7) interessante/interessanten Ausstellung mit (8) internationale/internationalen Künstlern und Künstlerinnen könnt ihr im Museum Ludwig besuchen. Und hier ist noch eine (9) wichtige/wichtigen Information für Schüler/innen und Studierende: Der Eintritt ist für euch frei!

Tipp 3: Die Kinos Arabella und Lichtspiele haben zusammen ein (10) fantastisches/ fantastischen Filmfestival organisiert. Ihr könnt Freitag bis Samstag von 10–24 Uhr (11) spannende/spannenden und (12) lustige/lustigen Filme sehen. (13) Kostenlose/Kostenlosen Tickets könnt ihr bei uns gewinnen: Schreibt uns eine (14) kurze/kurzen Nachricht, welchen Film ihr unbedingt sehen wollt.

Habt ihr noch einen (15) guter/guten Tipp für das Wochenende? Dann schreibt uns!

A2 K6 **93** **Die neue Wohnung. Ergänzen Sie die Adjektive.**

In unserer (1) ___neuen___ (neu) *Wohnung* gibt es keine (2) _____ (alt) Möbel. Meine

Freunde haben uns einen (3) _____ (groß) *Tisch* geschenkt. Er kommt in die Küche, denn in

unserem (4) _____ (klein) *Wohnzimmer* hat er keinen Platz. Mein Freund möchte seinen

(5) _____ (weiß) *Schrank* in den Flur stellen, aber das gefällt mir nicht. Der Schrank

passt besser in das Schlafzimmer und für die Küche kaufen wir noch (6) _____ (schön)

Bilder. Wir haben leider keinen (7) _____ (groß) *Balkon*, aber für uns beide ist genug

Platz. Wenn die Wohnung fertig ist, laden wir unsere (8) _____ (lieb) Freunde ein und

feiern eine (9) _____ (cool) *Party* und für meine (10) _____ (hilfsbereit)

Familie kochen wir ein (11) _____ (lecker) *Abendessen*.

A2 K6 **94** **Leben in Salzburg. Ergänzen Sie die Endungen.**

Mein (1) neu___es___ Leben **in Salzburg**

Hallo Leute, seit ein paar Wochen wohne ich in der

(2) schön_____ *Stadt* Salzburg und es gefällt mir sehr!

Ich studiere hier jetzt und habe auch gleich ein

(3) klein_____ *Zimmer* gefunden. Mein (4) alt_____

Freund Ilyas wohnt auch hier und er hat mir schon

die (5) bekannt_____ *Orte* und Plätze in der Stadt

gezeigt. Besonders toll ist die (6) historisch_____

Altstadt. Und ich habe natürlich auch das

(7) berühmt_____ *Mozarthaus* besichtigt. Im Mozart-

haus gibt es auch ein sehr (8) interessant_____

Museum. Aber am schönsten finde ich die (9) alt_____

Burg über der Stadt. Man hat dort einen

(10) wunderbar_____ *Blick*.

Außerdem muss ich euch sagen, dass das (11) öster-

reichisch_____ *Essen* so gut ist! Ich wohne gleich

neben einem (12) gemütlich_____ *Restaurant* und

ich habe dort schon oft gegessen. So lecker!

Und wenn ich jetzt noch (13) nett_____ *Leute*

kennenlerne, ist alles gut. 🙂

Ich berichte euch weiter hier auf dem Blog!

Bis bald!

B1 K9

Adjektive ohne Artikel

	der	das	die	die
Nominativ	der Spaß	das Projekt	die Person	die Anzeigen
	groß**er** Spaß	klein**es** Projekt	nett**e** Person	neu**e** Anzeigen
Akkusativ	den Spaß	das Projekt	die Person	die Anzeigen
	groß**en** Spaß	klein**es** Projekt	nett**e** Person	neu**e** Anzeigen
Dativ	dem Spaß	dem Projekt	der Person	den Anzeigen
	groß**em** Spaß	klein**em** Projekt	nett**er** Person	neu**en** Anzeigen
Genitiv	des Spaß**es**	des Projekt**s**	der Person	der Anzeigen
	groß**en** Spaß**es**	klein**en** Projekt**s**	nett**er** Person	neu**er** Anzeigen

Adjektive ohne Artikel haben die gleiche Endung wie der bestimmte Artikel:

der große Spaß → großer Spaß; das neue Projekt → neues Projekt

! Genitiv Singular maskulin und neutrum: *wegen schlechten Wetters, trotz langen Wartens*
Den Genitiv ohne Artikelwort verwendet man fast nur mit Präpositionen wie *wegen* oder *trotz*.

B1 K9

95 **Helfer gesucht. Ergänzen Sie die Adjektive in den Anzeigen.**

~~groß~~ | selbstständig   nett | erfahren   eigen | stark

Bist du ein Mensch mit _*großem*_ _____ Spaß an _____ Tätigkeit in einem kleinen Büro? *Dann ruf uns an!* 1	_____ **Team** sucht _____ **Mitarbeiter** (m/w/d) zur *Unterstützung bei* *Technikfragen.* 3	**Umzugsfirma Flott** sucht _____ **Mann** mit _____ **Lieferauto** für **Transport und Aufbau** 5

spontan | sympathisch   elegant | freundlich   flexibel | schnell

Wir brauchen _____ Personen, die bei _____ Aufträgen **helfen**. 2	Für _____ **Modegeschäft** im Zentrum suchen wir _____ **Person** mit Verkaufserfahrung. 4	*Restaurant Centrale* sucht _____ **Kellner** (m/w/d) für _____ Arbeitszeiten, auch abends. 6

Komparativ und Superlativ vor Nomen

B1 K5

Komparativ	Das Handy ist **besser**.	Das Handy ist **moderner**.
	Das ist das **besser**e Handy.	Ich habe jetzt ein **moderner**es Handy.
Superlativ	Dieses Handy ist **am besten**.	Dieses Handy ist **am teuersten**.
	Das ist das **best**e Handy.	Das ist das **teuerst**e Handy.

Komparative und Superlative, die vor Nomen stehen, muss man deklinieren. Sie haben die gleichen Endungen wie die Grundform der Adjektive.
! keine Endung bei *mehr* und *weniger*: *Ich hätte gern **mehr** Zeit.*
*Der Geschirrspüler verbraucht **weniger** Wasser.*

B1 K5   **96**   **Im Urlaub. Ergänzen Sie die Adjektive im Komparativ (K) und Superlativ (S). Achten Sie auf die Endung.**

1. Ich verbringe meinen Urlaub _am liebsten_____ (gern, S) mit Freunden.

2. Meistens fahren wir an die Nordsee. Da gibt es die _____ (lang, S) Strände.

3. Das Wetter ist am Meer oft _____ (gut, K) als in den Bergen.

4. _____ (billig, S) ist natürlich die Übernachtung auf dem Campingplatz.

5. _____ (bequem, K) ist aber ein Bett in einer kleinen Pension.

6. Wir suchen immer eine nette Pension in einem der _____ (klein, K) Orte.

7. Dort findet man _____ (preiswert, K) Übernachtungsmöglichkeiten als in den
   großen Touristenorten.

8. Die _____ (viel, S) Zeit sind wir am Strand und schwimmen viel.

9. Wenn der Wind _____ (stark, K) wird, surfen wir.

10. Andere Leute verbringen vielleicht einen _____ (abwechslungsreich, K)
    Urlaub, aber wir haben immer viel Spaß.

B1 K5   **97**   **Ergänzen Sie die Adjektive im Komparativ oder Superlativ. Achten Sie auf die richtige Form.**

Rothenburg ob der Tauber				☒
Home	Gastronomie	Übernachten	Freizeit	Geschichte

Urlaub in der vielleicht (1) _schönsten_____ **(schön) Stadt Deutschlands**

Besuchen Sie das historische Zentrum von
Rothenburg – einen (2) _____ (gut)
Ort für einen Ausflug können Sie kaum finden.
In anderen Städten gibt es vielleicht
(3) _____ (groß) Kirchen oder
(4) _____ (interessant) Museen,
aber bei uns haben Sie den (5) _____
(toll) Ausblick auf die ganze Gegend. Auf den
kleinen Plätzen und in den noch (6) _____ (klein) Straßen können Sie spazieren
gehen und das Leben genießen. Im Sommer können Sie auf einem der (7) _____
(lang) Wanderwege Bayerns bis nach Schnelldorf wandern. Im Dezember findet hier der fast
(8) _____ (alt) und (9) _____ (hübsch) Weihnachtsmarkt Deutschlands
statt. Man findet verschiedene Hotels im Zentrum oder etwas (10) _____ (günstig)
Hotels am Stadtrand. Buchen Sie jetzt Ihren Urlaub bei uns im schönen Mittelfranken!

→ weitere Übungen auf S. 39 (Komparativ und Superlativ)

Partizip als Adjektiv B1 K12

Viele Partizipien können als Adjektiv verwendet werden. Sie werden dann wie Adjektive dekliniert.

Partizip II

die gespeichert**e** PIN	→ die PIN, die gespeichert wurde
ein ausgefüll**tes** Formular	→ ein Formular, das ausgefüllt wurde
die versprochen**en** Unterlagen	→ die Unterlagen, die versprochen wurden

Partizip I: Infinitiv + *d*

steigen**de** Preise	→ Preise, die steigen
auf dem wachsen**den** Weltmarkt	→ auf dem Weltmarkt, der wächst
ein überzeugen**des** Angebot	→ ein Angebot, das überzeugt

B1 K12 **98** **Schon erledigt? Ergänzen Sie das Partizip II in der richtigen Form.**

1. ○ Warum ist der Betrag, den ich heute überwiesen habe, noch nicht da?

   ● Der _____*überwiesene*_____ Betrag ist frühestens einen Tag später auf dem Konto.

2. ○ Haben Sie die Produkte schon bestellt?

   ● Ja, natürlich, die _____ Produkte wurden auch schon geliefert.

3. ○ Sind alle Rechnungen schon bezahlt?

   ● Noch nicht alle. Die _____ Rechnungen liegen dort, die anderen bezahle ich heute.

4. ○ Wo ist denn die Ware, die gestern geliefert wurde?

   ● Wieso? Die _____ Ware ist schon im Lager.

5. ○ Haben Sie schon das neue Bestellformular ausgefüllt?

   ● Ja, das _____ Formular habe ich Ihnen schon gemailt.

B1 K12 **99** **In der Stadt. Ergänzen Sie das Partizip I als Adjektiv.**

1. Im Park sieht man _____ Kinder. (spielen)

2. Im Restaurant sieht man _____ Leute. (essen)

3. In der Bibliothek sieht man _____ Menschen. (lesen)

4. In der Schule sieht man _____ Schüler und Schülerinnen. (lernen)

5. Im Kino sieht man _____ Zuschauer und Zuschauerinnen. (lachen)

B1 K12 **100** **Gespräche im Café. Welche Form ist richtig? Kreuzen Sie an.**

1. ○ Kennst du die ☐ lächelnde ☐ gelächelte Frau dort drüben?
   ● Ja, klar, das ist eine Kollegin von mir. Hallo Lien!
2. ○ Sieh mal, der ☐ schlafende ☐ geschlafene Hund da!
   ● Oh, der ist ja süß!
3. ○ Möchten Sie zum Frühstück auch ein ☐ kochendes ☐ gekochtes Ei?
   ● Nein, danke!
4. ○ Warum sind hier nur ☐ schließende ☐ geschlossene Geschäfte?
   ● Na, weil heute Feiertag ist. Da ist doch immer alles zu!

Pronomen

Nominativ	Akkusativ	Dativ
ich	mich	mir
du	dich	dir
er	ihn	ihm
es	es	ihm
sie	sie	ihr
wir	uns	uns
ihr	euch	euch
sie	sie	ihnen
Sie	Sie	Ihnen

Nominativ: Wo ist Tino? Da ist **er**.
Akkusativ: Der Salat ist für **ihn**.
Dativ: Ich spreche mit **ihm**.

Personalpronomen in Texten

 Das ist **Frau Lang. Sie** kommt aus Deutschland. **Sie** wohnt in Frankfurt.

 Das ist **Jan. Er** kommt aus Frankfurt. **Er** wohnt in Zürich.

A1 K2 **101** **Freizeit. Ergänzen Sie die Personalpronomen im Nominativ.**

1. ○ Wo ist Maria?   ● _Sie_ ist mit Claas im Restaurant.

2. ○ Und wo ist Pedro?   ● _____ ist mit Niamh im Museum.

3. ○ Hi Valentin, spielst _____ gern Fußball?   ● Ja, klar.

4. ○ Hallo Mia und Luca! Was macht _____ heute?   ● _____ gehen ins Kino.

5. ○ Hey Paolo, gehen wir am Samstag ins Stadion?   ● Nein, _____ arbeite am Samstag.

6. ○ Was machen Leon und Luise heute?   ● _____ haben frei und sind im Schwimmbad.

A1 K6 **102** **In der Uni. Ergänzen Sie die Pronomen im Nominativ und Akkusativ.**

1. ○ Frau Schmidtke ist die neue Professorin für Medizin. _Sie_ ist wirklich nett.

   ● Echt? Ich kenne _____ noch gar nicht.

2. ○ Fabio kann heute nicht kommen. _____ ist krank und liegt im Bett. Vielleicht besuche ich

   _____ am Abend.

   ● Vielleicht komme _____ mit!

3. ○ Hey Mira, gehst _____ am Samstag auch zur Uni-Party?

   ● Ich weiß noch nicht. Kommen Luca und Tina auch?

   ○ Nein, _____ fahren am Wochenende zu ihren Eltern.

4. ○ Hallo Florian, hi Pia, diese Bücher sind für _____.

   ● Oh, super. Danke!

5. ○ Hallo, Cem! Lernen wir heute zusammen? Hast _____ Zeit?

   ● Ich weiß noch nicht. Ich rufe _____ später an, okay?

A1 K11 **103** **Beim Shopping. Akkusativ oder Dativ? Kreuzen Sie an.**

A ○ Schau mal, das Kleid ist toll. Das gefällt (1) ☐ mich ☐ mir total.

   ● Probier es doch mal an. Es steht (2) ☐ dich ☐ dir bestimmt gut.

   ○ Okay, Moment. … Es passt (3) ☐ mich ☐ mir leider nicht.

   ● Warte, da hinten ist eine Verkäuferin. Ich frage (4) ☐ sie ☐ ihr schnell. Vielleicht gibt es das Kleid ja noch in einer anderen Größe.

B ○ Marco hat morgen Geburtstag. Ich muss noch ein Geschenk für (5) ☐ ihn ☐ ihm kaufen.

   ● Was willst du (6) ☐ ihn ☐ ihm denn schenken? Hast du schon eine Idee?

   ○ Er hat (7) ☐ mich ☐ mir von einem Buch erzählt, aber ich kann (8) ☐ es ☐ ihm nicht finden.

C ○ Kann ich (9) ☐ Sie ☐ Ihnen helfen?

   ● Ja, diese Tasse finde ich toll. Haben Sie (10) ☐ sie ☐ ihr auch in Rot?

   ○ Ja, natürlich. Hier, bitte schön.

Reflexivpronomen
A2 K4 B1 K8

	Akkusativ	Dativ
ich	mich	mir
du	dich	dir
er/es/sie		sich
wir		uns
ihr		euch
sie/Sie		sich

Ich ziehe		**mich**	an.
Ich ziehe	mir	**den** Pullover	an.
	Dativ	Akkusativ	

Wenn es bei reflexiven Verben ein Reflexivpronomen <u>und</u> ein Akkusativobjekt gibt, steht das Reflexivpronomen im Dativ.

weitere reflexive Verben: sich ärgern, sich ausruhen, sich bedanken, sich beeilen, sich duschen, sich entscheiden, sich entschuldigen, sich erinnern, sich gewöhnen, sich informieren, sich kämmen, sich konzentrieren, sich kümmern, sich langweilen, sich streiten, sich treffen, sich umsehen, sich unterhalten, sich verabschieden, sich vorstellen, sich waschen, sich wohlfühlen….

B1 K8 **104** **Keine Zeit! Ergänzen Sie das Reflexivpronomen im Akkusativ oder Dativ.**

1. Ich will ___mir___ noch schnell die Haare waschen!

4. Und Felix muss _____ noch die Zähne putzen!

2. Du musst _____ noch ein sauberes T-Shirt anziehen!

5. Clara und Fabian, ihr müsst _____ noch kämmen!

3. Wo sind die Kinder? Sie müssen _____ noch duschen!

6. Kommt jetzt! Wir müssen _____ wirklich beeilen!

→ weitere Übungen auf S. 18 (reflexive Verben)

Indefinitpronomen A1 K12 A2 K12

> Die Pronomen *man*, *jemand* und *niemand* stehen für Personen. Man verwendet sie immer im Singular. *niemand/jemand* ist mit und ohne Endung richtig.
>
> Die Pronomen *alles*, *etwas/was*, *nichts* stehen für Sachen.
>
> Kann *man* hier Getränke kaufen?
> Hast du *jemand(en)* gefunden?
> Ich habe mit *niemand(em)* gesprochen.
>
> Hast du *alles*?
> Willst du *etwas/was* essen?
> Auf dem Papier steht *nichts*.

A1 K12 **105 In der Stadt. Schreiben Sie Sätze mit *man*. Beginnen Sie mit dem markierten Ausdruck.**

1. viele interessante Museen / können / besichtigen / <u>man</u>

   Man kann viele interessante Museen besichtigen.

2. <u>im Sommer</u> / im Park / spazieren gehen / können / man

   _____

3. können / den ganzen Tag / verbringen / man / <u>dort</u>

   _____

4. <u>mit der U-Bahn</u> / schnell / von A nach B / kommen / man

   _____

5. finden / viele schöne Geschäfte / <u>in der Altstadt</u> / man

   _____

6. in gemütlichen Cafés / essen / können / <u>man</u>

   _____

A2 K12 **106 Im Café. Ergänzen Sie das passende Indefinitpronomen.**

○ Komm, wir gehen ins Café. Ich habe so Hunger, ich muss

jetzt (1) ___*etwas*___ essen.

● Oh, hier ist es aber voll, kein freier Tisch. Komm schnell,

da hinten geht (2) _____.

○ Hier ist die Speisekarte: Sandwich, Pizza, Nudeln …

Das klingt (3) _____ lecker. Ich glaube,

ich nehme ein Sandwich mit Schinken. Und du?

● Ich habe heute Mittag im Büro (4) _____

gegessen. Ich glaube, ich esse jetzt (5) _____ und trinke nur eine Cola.

○ Ich würde gern bestellen. Aber es kommt (6) _____! Wo ist denn der Kellner?

● Ich weiß es nicht. Kann (7) _____ hier auch mit Karte bezahlen? Ich habe kein

Geld dabei.

○ Keine Ahnung, aber ich habe noch Geld.

Relativpronomen

A2 K12 B1 K6

		Nominativ	Akkusativ	Dativ
der	Das ist der Mann,	**der** das Bild kauft.	**den** ich kenne.	**dem** ich oft helfe.
das	Das ist das Tier,	**das** ganz klein ist.	**das** ich füttere.	**dem** ich Wasser gebe.
die	Das ist die Sängerin,	**die** krank war.	**die** wir gern mögen.	**der** ich gern zuhöre.
die	Das sind die Bands,	**die** bekannt sind.	**die** wir sehen wollen.	**denen** wir im Netz folgen.

Die Relativpronomen haben die gleichen Formen wie die bestimmten Artikel, nur der Dativ Plural ist anders: ~~den~~ – **denen**.

B1 K6 **107** **Menschen, die ich kenne. Ergänzen Sie das passende Relativpronomen.**

1. Max ist ein alter Freund, _der_ jetzt leider in Hamburg wohnt.

2. Julia ist eine Kollegin, mit _____ ich am Wochenende manchmal joggen gehe.

3. Nadim ist ein Freund, _____ ich an der Uni kennengelernt habe.

4. Annabelle ist die Cousine, _____ ich sehr mag.

5. Vera und Antonio sind Bekannte, _____ ich oft auf Partys treffe.

6. Lino ist ein guter Freund, _____ ich total vertraue und _____ mir oft hilft.

7. Tushin und Lara sind die Nachbarn, mit _____ ich oft Kaffee trinke.

8. Lucia ist die Freundin, _____ immer für mich da ist.

→ weitere Übungen auf S. 69 (Relativsätze)

Artikelwörter als Pronomen

B1 K11

	der	das	die	die
Nom	ein**er**/kein**er**/mein**er**	ein**s**/kein**s**/mein**s**	eine/keine/meine	**welche**/keine/meine
Akk	einen/keinen/meinen	ein**s**/kein**s**/mein**s**	eine/keine/meine	**welche**/keine/meine
Dat	einem/keinem/meinem	einem/keinem/meinem	einer/keiner/meiner	**welchen**/keinen/meinen

○ Ist das **dein** Haus?   ● Ja, das ist **meins**.

Interessante Leute? Hier trifft man immer **welche**.

B1 K11 **108** **Neu in der Stadt. Was ist richtig? Kreuzen Sie an.**

1. ○ Entschuldigung. Ich suche ein Sportgeschäft.
   ● Hier gibt es ☐ keinen ☐ keins ☐ keine. Da müssen Sie ins Zentrum fahren.
2. ○ Gibt es hier irgendwo eine U-Bahn-Station?
   ● Ja, klar, gleich hier um die Ecke ist ☐ einer ☐ eins ☐ eine.
3. ○ Wo finde ich einen Buchladen?
   ● In der Herzogstraße ist ☐ einer ☐ eins ☐ eine.
4. ○ Wo kann man hier ein Picknick machen?
   ● Am besten im Park. Hier in der Nähe gibt es ☐ einen ☐ eins ☐ eine.
5. ○ Gehen wir morgen zusammen ins Kino?
   ● Ja, gern. Aber wo ist denn ☐ einer ☐ eins ☐ eine?
6. ○ Hier kann man super mit dem Fahrrad fahren. Leider habe ich noch ☐ keinen ☐ keins ☐ keine.
   ● Nimm doch so lange ☐ meinen ☐ meins ☐ meine, bis du ☐ einen ☐ eins ☐ eine gekauft hast.

B1 K11   **109**   **Im Einkaufszentrum. Ergänzen Sie die Pronomen.**

eine | einen | ~~einer~~ | eins | keine | keinen | keins | welche | welche

1. ○ Wo ist denn hier ein Verkäufer? Ah, da ist ja ___*einer*___.

2. ○ Ich suche Bücher auf Englisch. Haben

   Sie _____ oder muss ich in eine

   Buchhandlung gehen?

3. ○ Ich finde keine Kasse. Können Sie mir sagen,

   wo _____ ist?

4. ○ Haben Sie Winterpullover?

   ● Nur noch wenige, da im Regal liegen noch

   _____.

5. ○ Entschuldigung, ich suche einen schwarzen Mantel, aber ich sehe hier _____.

6. ○ Mein Sohn sucht dieses T-Shirt in Weiß in Größe S.

   ● Tut mir leid, wir haben _____ mehr in Weiß, nur noch _____ in Rot.

7. ○ Haben Sie auch Handys?

   ● Nein, tut mir leid, wir haben _____. Da müssen Sie in einen Elektromarkt gehen.

8. ○ Ich suche den Aufzug. Sie haben doch _____, oder?

   ● Ja, natürlich, gleich hier um die Ecke.

B1 K11   **110**   **Wem gehört das? Ergänzen Sie die Pronomen.**

1. ○ Wessen Tasche ist das? Ist das ___*deine*___, Eva?

   ● Ja, das ist _____.

2. ○ Gehört diese Jacke Felix?

   ● Nein, das ist nicht _____. Frag doch mal Eva. Ich glaube, das ist auch _____.

3. ○ Paul, räum doch mal bitte deine Sachen hier weg.

   ● Das sind nicht _____. Die gehören Felix.

4. ○ Wem gehört dieses Buch? Vielleicht Murat?

   ● Ja, das ist _____. Und die ganzen Papiere dort gehören ihm auch.

5. ○ Schau mal, dieser Pulli hier. Ist das _____, Felix?

   ● Nein!

6. ○ Felix und Eva, wem gehören diese Stifte hier? Sind das _____?

   ● Ja, das sind _____. Wir haben sie schon die ganze Zeit gesucht.

7. ○ Und wessen Handy ist das hier? Ist das _____, Eva?

   ● Ja, das ist _____. Wo war das denn?

8. ○ Das ist doch der Rucksack von Murat, oder?

   ● Nein, das ist nicht _____. Aber wem gehört er dann?

Pronomen und Pronominaladverbien

> **Personen: Präposition + Pronomen**
>
> Rufen Sie <mark>den Chef</mark> an. **Mit ihm** können Sie **sprechen**, wenn Sie Fragen haben.
>
> **Dinge und Ereignisse: *da(r)* + Präposition**
>
> Bei vielen Institutionen gibt es <mark>Bewerbungstrainings</mark>. **Daran** kann jeder **teilnehmen**.

Die Präposition beginnt mit einem Vokal: ***da**r*- (da**r**an, da**r**auf, da**r**über …)

111 Nachrichten an Freunde. Ergänzen Sie die Präposition mit Pronomen oder das Pronominaladverb.

> Weißt du, wen ich gestern getroffen habe? Valentin! Du erinnerst dich noch (1) _an ihn_, oder? Unsere Zeit an der Uni war natürlich DAS Thema! Wir haben lange (2) _____ gesprochen. Wir waren zusammen in dem Kurs bei Professor Walter. Hast du nicht auch mal (3) _____ teilgenommen? Der Kurs war immer lustig, ich denke gern (4) _____. Ich soll dich schön grüßen.

> Lustig! Valentin habe ich schon so lange nicht mehr gesehen!

> Sag mal, wolltest du nicht mal mit Monja ausgehen? Hast du (5) _____ telefoniert? Sie hat nach dir gefragt … Übrigens gehen Franco und ich heute ins Kino. Ich freue mich schon (6) _____. Willst du mitkommen?

→ weitere Übungen auf S. 17 (Verben mit Präposition) und S. 59 (W-Fragen mit Präposition)

Verben mit Präposition und Nebensatz

> **Worauf** wartet er? Er wartet **auf** eine Antwort.
> Er wartet **darauf**,   dass er eine Antwort bekommt.
> Er wartet **darauf**,   eine Antwort zu bekommen.

112 Meine Kollegen und ich. Formulieren Sie wie im Beispiel.

1. Ich _freue mich darauf_, eine Geschäftsreise nach China zu machen. (sich freuen auf)

2. Pedro _____, dass er ein interessantes Projekt bekommt. (warten auf)

3. Mia _____, einen Sprachkurs zu besuchen. (nachdenken über)

4. Sarah _____, im Ausland zu arbeiten. (sich interessieren für)

5. Wir _____ oft _____, dass wir eine eigene Firma gründen sollten. (diskutieren über)

6. Ich _____, eine Präsentation zu halten. (sich vorbereiten auf)

→ weitere Übungen auf S. 17 (Verben mit Präposition)

Präposition

für, ohne, mit

für + Akkusativ	**ohne** + Akkusativ	**mit** + Dativ
○ **Für wen** ist das Wasser? ● Das Wasser ist **für den** Hund / **für ihn**.	**Ohne Ihren** Pass / **Ohne ihn** können Sie nicht reisen.	○ **Mit wem** fährt Laura? ● Sie fährt **mit einem** Freund und **einer** Freundin / **mit mir**.

113 **Die Party. Ergänzen Sie die Sätze.**

1. Ich komme _ohne meinen Freund_ (ohne / mein Freund) zu deiner Party.

2. Machst du die Party _____ (mit / deine Schwester) zusammen?

3. _____ (für / der Salat) braucht man ein Kilo Kartoffeln.

4. Wir kommen _____ (mit / das Auto) und bringen die Getränke mit.

5. Wann kommt ihr endlich? _____ (ohne / ihr) ist die Party langweilig.

6. Dieses Geschenk ist _____ (für / du). Schön, oder?

7. Für wen sind die Blumen? _____ (für / ich)?

8. Wir können _____ (ohne / der Computer) keine Musik hören.

   Ach nee, das geht ja auch _____ (mit / das Handy).

wegen, trotz

wegen + Genitiv	**trotz** + Genitiv
○ Warum hast du kein Auto? ● **Wegen der** hohen Kosten.	Deine Wohnung ist **trotz der** Technik gemütlich.

Bei Personalpronomen verwendet man *wegen* und *trotz* mit Dativ: *Wegen **dir** kommen wir zu spät!*
In der gesprochenen Sprache verwendet man Genitiv-Präpositionen oft mit Dativ: *Wegen **den hohen** Kosten habe ich kein Auto.*

114 **Herr und Frau Gasser. Welche Präposition passt? Kreuzen Sie an.**

1. Herr Gasser fährt nicht gern mit der U-Bahn. Er fährt ☐ wegen ☐ trotz schlechten Wetters mit dem Fahrrad ins Büro.
2. ☐ Trotz ☐ Wegen der Bewegung an der frischen Luft ist er viel fitter als früher.
3. ☐ Trotz ☐ Wegen seiner gesundheitlichen Probleme versucht er, viel Obst und Gemüse zu essen.
4. Er isst ☐ wegen ☐ trotz des guten Angebots oft in der Kantine.
5. Frau Gasser nimmt ☐ wegen ☐ trotz des kurzen Arbeitswegs morgens lieber den Bus. Das ist bequemer.
6. ☐ Wegen ☐ Trotz ihrer flexiblen Arbeitszeiten kann sie morgens ins Fitness-Studio gehen.

B1 K2   **115**   **In der Großstadt leben. Ergänzen Sie die Sätze.**

der Lärm | die hohen Mieten | das bessere Stellenangebot | das gute Kulturangebot

1. Ich liebe Theater und Kunst und lebe wegen _____ in der Großstadt.

2. Ich kann mir keine große Wohnung leisten. Ich möchte aber trotz _____

   hier wohnen.

3. Wegen _____ in der Stadt ziehe ich aufs Land. Da ist es einfach ruhiger.

4. Trotz _____ in der Stadt habe ich einen Job in

   einem Dorf gefunden und ziehe bald um.

Zeitangaben mit *am, um, von … bis*   **A1 K5**

	Wochentage/Tageszeiten	**Uhrzeit**
Wann?	**am** Montag **am** Vormittag	**um** Viertel vor drei **um** 14:45 Uhr
Wie lange?	**von** Montag **bis** Samstag **von** morgens **bis** abends	**von** neun **bis** halb zwei **von** 9:00 Uhr **bis** 13:30 Uhr

---

A1 K5   **116**   **Keine Zeit. Ergänzen Sie die Präpositionen.**

Ich habe heute leider keine Zeit. (1) __Am__ Vormittag will ich meine Mutter besuchen und (2) _____

11:30 Uhr habe ich einen Arzttermin. (3) _____ 13 Uhr gehe ich zum Yoga und (4) _____ Nachmittag

muss ich einkaufen. (5) _____ Abend gehe ich mit Max ins Kino. Wir treffen uns (6) _____ 18 Uhr.

Aber (7) _____ Sonntag gehen wir ins Schwimmbad, oder? Wann hast du Zeit? Das Schwimmbad

hat (8) _____ 7 _____ 22 Uhr geöffnet. (9) _____ ersten Juni muss ich wieder arbeiten.

Zeitangaben   **A1 K12**   **B1 K3**

Präpositionen mit Dativ				**Präpositionen mit Genitiv**	
ab	**ab dem** Moment	nach	**nach dem** Urlaub	außerhalb	**außerhalb des** Urlaubs
an	**am** Montag	seit	**seit einer** Woche	innerhalb	**innerhalb einer** Stunde
bis zu	**bis zum** Abend	vor	**vor der** Reise	während	**während eines** Konzerts
in	**im** August				

Kurzformen: an + dem → am; bis zu + dem → bis zum; bis zu + der → bis zur; in + dem → im

---

A1 K12   **117**   **Eine typische Familie. Markieren Sie die passende Präposition.**

1. Britta und Dan haben sich ☐ in ☐ vor ☐ seit   fünf Jahren kennengelernt.
2. Sie haben ☐ ab ☐ an ☐ bis zu   dem ersten Moment gewusst: Sie wollen zusammen sein.
3. ☐ Seit ☐ An ☐ Ab   zwei Jahren sind sie verheiratet.
4. ☐ In ☐ Seit ☐ Nach   der Hochzeit sind Britta und Dan aufs Land gezogen.
5. Ihr erstes Kind ist einen Monat später, ☐ am ☐ um ☐ nach   21. März, geboren.
6. ☐ Vor ☐ Seit ☐ An   ein paar Monaten sind sie von ihrer Weltreise zurückgekommen.
7. ☐ Ab ☐ Am ☐ Vor   Samstag ist ihr zweites Kind auf die Welt gekommen.
8. ☐ In ☐ An ☐ Vor   drei Tagen dürfen Britta und das Baby nach Hause gehen.

B1 K3 **118** **In der Sprachschule. Ergänzen Sie die Sätze.**

1. _Während der Öffnungszeiten_ _____ ist das Büro immer besetzt.
   (während / die Öffnungszeiten)

2. _____ organisieren wir eine Willkommensparty.
   (vor / der erste Unterrichtstag)

3. _____ lernen Sie die anderen Teilnehmenden kennen.
   (während / das Fest)

4. _____ müssen Sie das Buch kaufen.
   (vor / der Kursbeginn)

5. _____ sollten Sie alle neuen Wörter aufschreiben.
   (während / der Unterricht)

6. _____ haben wir die B1-Grammatik wiederholt.
   (bis zu / das Kursende)

7. _____ bekommen Sie ein Zeugnis.
   (nach / die Prüfung)

B1 K3 **119** *innerhalb* oder *außerhalb*? Ergänzen Sie.

1. ○ Leider habe ich keine Tickets bekommen. Sie waren _innerhalb einer Stunde_ _____

   (eine Stunde) ausverkauft.

   ● Schade!

2. ○ Lass uns doch dieses Jahr im August in Urlaub fahren.

   ● Nee, da sind doch Schulferien.

   _____

   (die Ferien) ist es viel billiger.

3. ○ Die Präsentation muss _____

   _____

   (die nächste Stunde) fertig sein.

   ● Was? Das ist nicht dein Ernst! Das schaffe ich nicht.

4. ○ Entschuldigung, wo darf man hier rauchen?

   ● Da müssen Sie das Messegelände leider verlassen. _____

   (das Messegelände) darf man nicht rauchen.

5. ○ Hast du mal mit Valentina gesprochen? Die hat ja viel erlebt in letzter Zeit.

   ● Ja, _____ (ein Monat) ist sie umgezogen und hat den

   Job gewechselt.

6. ○ Ich ziehe bald aufs Land. _____ (der Stadt) sind die

   Mieten viel günstiger.

   ● Ja, aber dann brauchst du ein Auto. Und das ist auch teuer.

Ortsangaben

Präpositionen mit Dativ

Wohin?	zu	Sie geht **zur** Bank.
	bis zu	Geh **bis zum** Kaufhaus und dann links.
	an ... vorbei	Sie geht **am** Kaufhaus vorbei.
Wo?	bei	Sie ist **beim** Chef.
	gegenüber von	Das Haus ist **gegenüber vom** Park.
Woher?	aus	Er kommt **aus dem** Haus.
	von	Sie kommt **von der** Chefin

Kurzformen:
an + dem → am
bei + dem → beim
von + dem → vom
zu + dem → zum
zu + der → zur

Präpositionen mit Akkusativ

Wohin?	durch	Sie geht **durch den** Park.

---

120 **Schreiben Sie die Antworten mit *aus*, *bei*, *zu* oder *von*. Verwenden Sie Kurzformen.**

1. Woher kommst du? _Von der Chefin._ (die Chefin)

2. Wohin gehst du? _____ (die Post)

3. Wo warst du? _____ (eine Kollegin)

4. Woher kommt ihr? _____ (der Arzt)

5. Wohin geht ihr? _____ (der Supermarkt)

6. Wo wart ihr? _____ (der Direktor)

7. Woher kommst du? _____ (die Bibliothek)

121 **Der Weg zu Hakan. Ergänzen Sie die Präpositionen.**

> Hallo Max, ☒
> ich freue mich, dass du mich endlich mal besuchen kommst. Also, ich erkläre dir kurz, wie du zu
> mir kommst: Zuerst fährst du mit der U-Bahn (1) _zum_ Königsplatz, dort steigst du aus. Wenn du
> die U-Bahntreppe hochgehst, kommst du auf einen Platz. Du gehst rechts, dann immer geradeaus,
> also (2) _____ dem Museum und der Tankstelle _____. Dann siehst du einen großen
> Supermarkt. Auf der anderen Seite, also direkt (3) _____ dem Supermarkt ist meine
> Wohnung. Wenn du Lust hast, können wir dann noch einen Spaziergang (4) _____ die
> Stadt machen.
>
> Viele Grüße
> Hakan

Präpositionen: Zusammenfassung

mit Akkusativ	mit Dativ	mit Genitiv
bis, für, durch, gegen, ohne, um	ab, an ... vorbei, aus, bei, bis zu, gegenüber von, mit, nach, seit, von, von ... bis, zu	außerhalb, innerhalb, trotz, während, wegen

Kurzformen: an + dem → am; bei + dem → beim; in + dem → im; von + dem → vom; zu + dem → zum; zu + der → zur

A2 K7 **122** **Das Sommerfest. Ergänzen Sie die Präpositionen mit Dativ. Verwenden Sie Kurzformen, wenn es möglich ist.**

Sommerfest

Liebes Team, hier ein paar Informationen (1) _ZUM_ (zu – das) Sommerfest am 10. Juni um 18 Uhr.

Das Fest ist (2) _____ (in – das) Restaurant *Bella Vista*. Das Restaurant ist wirklich sehr schön und

direkt (3) _____ (an – der) See. (4) _____ (nach – das) Essen können wir

tanzen. Eine Band (5) _____ (aus – die) Schweiz macht die Musik. Eure Familien können gerne

auch (6) _____ (zu – das) Fest kommen. Bitte tragt (7) _____ (bis zu) 15. Mai auf der

Liste ein, wie viele Personen ihr mitbringt.

Wir freuen uns auf unser Sommerfest!

A2 K7 **123** **Im Büro. Welche Präposition passt? Kreuzen Sie an.**

1. Herr Moretti, Sie sollen bitte ☐ zum ☐ beim ☐ nach Chef kommen.
2. Ich habe gleich einen Termin ☐ von ☐ seit ☐ mit einem Kunden.
3. ☐ Nach ☐ Zu ☐ Von der Besprechung rufe ich Herrn Holzmann gleich an.
4. Haben Sie die Mail ☐ aus ☐ von ☐ bei Frau Friese nicht bekommen?
5. Frau Friese? Ist das die Kollegin ☐ gegenüber von ☐ aus ☐ zu der Marketingabteilung?
6. Ich habe gehört, Ihr Mann arbeitet jetzt auch ☐ mit ☐ bis zu ☐ bei uns. Ist das richtig?
7. Ja, ☐ seit ☐ ab ☐ mit einer Woche arbeitet er jetzt hier.

B1 K3 **124** **Ein schöner Urlaub. Ergänzen Sie die Präpositionen.**

ohne | an | am | bis | nach | nach | im | ~~mit~~ | durch | während | gegenüber von | wegen | für

Mein Reiseblog ☒

Letztes Jahr wollte ich im August (1) _mit_ _____

meiner Familie Urlaub (2) _____ der Ostsee

machen. Wir hatten einen Campingplatz direkt

(3) _____ Strand gebucht und uns riesig auf

diesen Urlaub gefreut. Leider hat es nur geregnet …

(4) _____ des schlechten Wetters haben wir

den Urlaub (5) _____ ein paar Tagen beendet und sind (6) _____ Berlin

gefahren. Wir haben direkt (7) _____ Zentrum ein günstiges Hotel gefunden und hatten

wirklich eine tolle Zeit. Meistens haben wir (8) _____ 10 Uhr morgens geschlafen.

(9) _____ unserem Hotel war ein süßes, kleines Café, da haben wir erst mal

gemütlich gefrühstückt. (10) _____ unseres Aufenthaltes in Berlin haben wir viele

Sehenswürdigkeiten besichtigt. Oft sind wir aber auch einfach (11) _____ einen genauen

Plan (12) _____ die Stadt gelaufen und haben tolle Geschäfte und Cafés entdeckt.

(13) _____ mich war es ein sehr schöner Urlaub!

Wechselpräpositionen mit Akkusativ oder Dativ

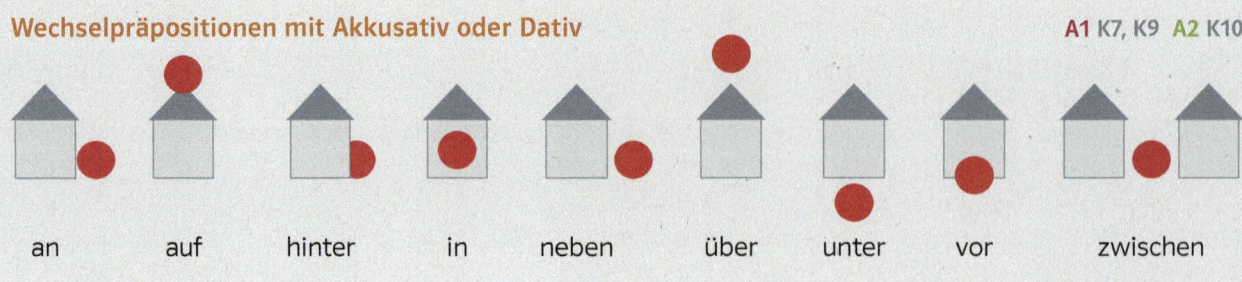

an   auf   hinter   in   neben   über   unter   vor   zwischen

Wo? ⦿ **Präposition + Dativ**		**Wohin?** ⊕ **Präposition + Akkusativ**		**Kurzformen**
der Tisch	→ **unter dem** Tisch	der Tisch	→ **unter den** Tisch	an + dem → am
das Haus	→ **im** Haus	das Haus	→ **ins** Haus	in + das → ins
die Garage	→ **vor der** Garage	die Garage	→ **vor die** Garage	in + dem → im
die Stühle	→ **zwischen den** Stühlen	die Stühle	→ **zwischen die** Stühle	

Positionsverben: Wo?

stehen   Der Müll **steht neben der** Garage.
liegen   Das Kissen **liegt unter dem** Stuhl.
hängen   Ein Poster **hängt am** Gartenhaus.

Richtungsverben: Wohin?

stellen   Sie **stellen** das Fahrrad **in die** Garage.
legen   Sie **legen** das Kissen **auf den** Stuhl.
hängen   Sie **hängen** die Lampions **in den** Baum.

---

125   **Der Umzug. Wo oder wohin? Ergänzen Sie *in* mit dem bestimmten Artikel. Verwenden Sie Kurzformen, wo es möglich ist.**

1. Den Schrank stellen wir ___*ins*___ Schlafzimmer.

2. Der Fernseher kommt _____ Wohnzimmer.

3. Warum sind die Stühle _____ Bad?

4. Der Tisch steht jetzt _____ Küche.

5. Die Bücher sind noch _____ Auto.

6. Ihr müsst die Regale _____ Flur stellen.

7. _____ Flur stehen zu viele Kisten.

8. Die Lampe bringe ich _____ Arbeitszimmer.

126   **Bei der Arbeit. Was ist richtig? Kreuzen Sie an.**

1. ○ Wo ist die Rechnung von der Firma X-Pad?
   ● Ich habe die Rechnung …
   ☒ auf Ihren Schreibtisch gelegt.
   b auf Ihrem Schreibtisch gelegt.

2. ○ Wo treffen wir uns mit dem Team?
   ● Wir treffen uns …
   a vor das Zimmer von Frau Beslioglu.
   b vor dem Zimmer von Frau Beslioglu.

3. ○ Warum ist die Chefin noch nicht da?
   ● Sie hat einen Termin …
   a in die Stadt.
   b in der Stadt.

4. ○ Weißt du, wo mein Handy ist?
   ● Das liegt …
   a neben deinen Computer.
   b neben deinem Computer.

5. ○ Oh, schon ein Uhr. Zeit für die Mittagspause.
   ● Ja, komm. Wir gehen …
   a in die Kantine.
   b in der Kantine.

6. ○ Kann ich nachher bei dir mitfahren?
   ● Tut mir leid. Ich fahre heute nach der Arbeit …
   a ins Zentrum.
   b im Zentrum.

7. ○ Herr Wolkner, hängen Sie bitte den Plan …
   a an die Wand.
   b an der Wand.

8. ○ Puh, ich muss mich mal bewegen. Ich sitze schon den ganzen Tag …
   a an den Schreibtisch.
   b am Schreibtisch.

A2 K10 **127** **Ein ganz normaler Feierabend. Ergänzen Sie die Präpositionen mit Artikel.**

Ich komme immer um 17 Uhr nach Hause. Zuerst stelle ich meine Schuhe (1) _in den_

(in – der) Flur und lege die Schlüssel (2) _____ (auf – das) Regal. Dann gehe ich

(3) _____ (in – die) Küche, da liegt die Zeitung (4) _____ (auf – der) Tisch.

Wenn das Wetter schön ist, setze ich mich erst mal eine halbe Stunde (5) _____ (auf – der)

Balkon und lese. (6) _____ (unter – der) Stuhl liegt dann immer meine Katze. Meistens

muss ich noch einkaufen und gehe (7) _____ (in – der) Supermarkt. Obst und Gemüse

kaufe ich am Donnerstag immer frisch (8) _____ (auf – der) Markt. Manchmal fahre ich

auch (9) _____ (in – das) Zentrum und esse eine Pizza (10) _____ (in – das)

Restaurant. Mein Lieblingsrestaurant ist direkt (11) _____ (neben – der) Rathausplatz.

Oder ich treffe mich (12) _____ (hinter – die) Altstadt-Brücke mit einer Freundin und wir

gehen spazieren. Zu Hause lege ich mich dann (13) _____ (auf – das) Sofa und sehe einen

Film. Um 23 Uhr gehe ich normalerweise (14) _____ (in – das) Bett.

Fragewörter

W-Fragen mit Präposition **A2 K11**

Mit *wo(r)* + **Präposition** fragt man nach Dingen und Ereignissen.	○ **Worüber** ärgert sich Milan?	● Über die Prüfung.
	○ **Worauf** freut sich Milan?	● Auf den Ausflug.
Mit **Präposition + Fragewort** fragt man nach Personen.	○ **Über wen** ärgert sich Milan?	● Über einen Freund.
	○ **Mit wem** hat Mereth gesprochen?	● Mit Ben.

Wenn die Präposition mit Vokal beginnt, braucht man ein „r": *worüber, worauf* …

A2 K11 **128** **Ich verstehe dich so schlecht! Schreiben Sie W-Fragen mit Präposition wie im Beispiel.**

1. ○ Ich habe mich gestern lange mit Lukas unterhalten.

   ● _Mit wem?_____

2. ○ Wir haben über seine Arbeit gesprochen.

   ● _____

3. ○ Er ärgert sich oft über seine Kollegen.

   ● _____

4. ○ Er hat gesagt, dass er oft über seine Zukunft nachdenkt.

   ● _____

5. ○ Er träumt von einem eigenen kleinen Geschäft.

   ● _____

6. ○ Lukas will sich nächste Woche mit seinem Chef treffen.

   ● _____

7. ○ Er wartet auf einen freien Termin.

   ● _____

8. ○ Erinnerst du dich eigentlich noch an die Freundin von Lukas?

   ● _____

→ weitere Übungen auf S. 17 (Verben mit Präposition) und S. 52 (Pronomen und Pronominal-adverbien)

Sätze verbinden

Hauptsatz und Hauptsatz: *und, oder, aber, denn*

Hauptsatz 1				Hauptsatz 2		
Ich	bin	in Köln	**und**	(ich)	mache	ein Praktikum.
Ich	telefoniere		**oder**	(ich)	arbeite	am Computer.
Die Firma	ist	klein,	**aber**	sie	hat	viele Kunden.
Die Stadt	ist	toll,	**denn**	man	kann	viel machen.

A1 K7 **129** **Abend-Programm. Verbinden Sie die Sätze.**

1. Wollen wir heute ins Kino gehen	und	A	bringen wir Blumen mit?
2. Ich habe heute Mittag leider keine Zeit	oder	B	im Restaurant essen?
3. Dann gehe ich heute allein ins Kino,	aber	C	wir können auch noch Blumen kaufen.
4. Morgen macht Carla eine Party	oder	D	heute Abend muss ich auch arbeiten.
5. Schenken wir ihr ein Buch	und	E	sie hat uns eingeladen.
6. Ich habe schon ein Buch für sie gekauft,	aber	F	morgen Abend kommst du mit, okay?

A1 K12 **130** **Warum sollen die Personen das machen? Verbinden Sie die Sätze mit *denn* oder *aber*.**

1. Miriam muss mehr lernen. Sie hat schlechte Noten.

   Miriam muss mehr lernen, denn sie hat schlechte Noten.

2. Pascal möchte noch eine Sprache lernen. Er hat keine Zeit.

   _____

3. Robert will weniger arbeiten. Er schläft oft schlecht.

   _____

4. Ines muss mehr zu Hause kochen. Sie gibt zu viel Geld in Restaurants aus.

   _____

5. Marco möchte seine Eltern besuchen. Er bekommt keinen Urlaub.

   _____

Hauptsatz und Hauptsatz: *deshalb/deswegen/darum/daher, trotzdem*

Hauptsatz	Hauptsatz			
Alle spielen schlecht. →	Sie	haben		verloren.
Alle spielen schlecht,	**deshalb** **deswegen** **darum** **daher**	haben	sie	verloren.
	Folge/Konsequenz: Konsekutivsatz			
Alle spielen schlecht. ↔	Sie	haben		gewonnen.
Alle spielen schlecht,	**trotzdem**	haben	sie	gewonnen.
	Widerspruch/Kontrast: Konzessivsatz			

A2 K9 **131** **Was passt zusammen? Ordnen Sie zu.**

A läuft sie auch am längsten. | B nehmen wir ihn meistens mit. | C gehen wir oft im Wald joggen. |
D buchen wir nur Hotels mit Sportprogramm. | E habe ich eine Fitness-App heruntergeladen. |
F trägt er beim Laufen lieber die alten. | G haben wir Spaß.

1. Meine Familie macht gern Sport draußen, deshalb _____

2. Manchmal regnet es, trotzdem _____

3. Mein Bruder hat sich neue Schuhe gekauft, trotzdem _____

4. Meine Schwester ist am sportlichsten, deshalb _____

5. Ich möchte gern meinen Erfolg kontrollieren, deshalb _____

6. Unser Hund schläft eigentlich am liebsten, trotzdem _____

7. Auch im Urlaub wollen wir uns bewegen, deshalb _____

Nebensatz mit *weil* oder *da*: Kausalsatz

A2 K1 B1 K1

Hauptsatz			Nebensatz			
Ben	lädt	die Freunde ein,	**weil**	er	im Urlaub	**war**.
Felix	kommt	gern,	**weil**	er	Ben lang nicht	gesehen **hat**.
Marvin	kommt	erst später,	**weil**	er		arbeiten **muss**.
Ben	ist	glücklich,	**weil**	Marvin	seinen Hund	**mitbringt**.
			weil	Subjekt		Verb: Satzende

Der Nebensatz beginnt mit *weil* oder *da*, dann folgt das Subjekt. Das konjugierte Verb steht ganz am
Ende. Trennbare Verben sind im Nebensatz nicht getrennt.

Da/Weil Ben gut **kocht**,	kommen die Freunde gern zu ihm.
Marvin bringt seinen Hund mit,	**weil/da** Ben Hunde **mag**

Nebensätze mit *da* stehen meistens vor dem Hauptsatz.

A2 K1 **132** **Elenas Geburtstag. Schreiben Sie die Sätze.**

1. Elena macht ein großes Fest, *weil sie Geburtstag hat.*
   (sie / weil / haben / Geburtstag)

2. Sie feiert im Garten, _____
   (schön / das Wetter / weil / sein)

3. Sie hat viele Leute eingeladen, _____
   (werden / dreißig Jahre alt / sie / weil)

4. Elena ist ein bisschen traurig, _____
   (weil / ihr Bruder Fabio / kommen / können / nicht)

5. Fabio ist gerade in England, _____
   (weil / einen Sprachkurs / gewonnen haben / er)

6. Aber sie freut sich sehr, _____
   (weil / sie / viele alte Freunde / wiedersehen)

7. Die Gäste bleiben sehr lang, _____
   (weil / sein / das Fest / so lustig)

A2 K1 **133** **Lerntipps.** *denn* oder *weil*? Kreuzen Sie an.

studi11	Hilfe, wer kann mir einen Tipp geben! Wann lernt ihr am besten? Warum?
pfote	Ich lerne gern am Morgen, (1) ☐ denn ☐ weil dann bin ich fit.
579abc	Am Morgen kann ich nicht lernen, (2) ☐ denn ☐ weil ich da arbeiten muss. 🥱
	Ich lerne am Wochenende, (3) ☐ denn ☐ weil ich dann frei habe.
pinky	Ich lerne gern nachts, (4) ☐ denn ☐ weil dann ist alles ruhig!
hugoo	Nachts kann ich nicht lernen, (5) ☐ denn ☐ weil ich dann müde bin. Ich lerne vormittags und in der Bibliothek, (6) ☐ denn ☐ weil dort sind die anderen leise.

Nebensatz mit *dass*   **A2 K3**

Hauptsatz			Nebensatz			
Ich	finde	es sehr gut,	**dass**	man	immer Kontakt	hat.
Meinen Freunden	hat	gefallen,	**dass**	ich	Fotos	gepostet habe.
Ich	mag	es,	**dass**	ich	alles sofort	teilen kann.
Ich	möchte,		**dass**	sie	mich	anrufen.
			dass	Subjekt		Satzende: Verb

Der Nebensatz beginnt mit *dass*, dann folgt das Subjekt. Das konjugierte Verb steht ganz am Ende. Trennbare Verben sind im Nebensatz nicht getrennt.

A2 K3 **134** **Kino, Kino.** Korrigieren Sie die Verbposition.

1. Thomas findet es gut, dass man sehen Filme auch in Originalsprache kann .

2. Seine Freundin mag es, dass man kann im Kino Popcorn kaufen .

3. Sie finden es super, dass die Tickets am Montag sind billiger .

4. Es hat ihnen gefallen, dass viele bekannte Schauspieler/innen mitgespielt im Film haben .

5. Sie möchten, dass das Kino zeigt auch am Samstagvormittag Filme .

A2 K3 **135** **Was sagt Emilio über das Internet?** Geben Sie die Aussagen mit dass-Sätzen wieder.

1. Er denkt, | 2. Er findet es gut, | 3. Er erzählt, | 4. Er freut sich, | 5. Er denkt, | 6. Er sagt,

1. Das Internet hat viele Vorteile, aber auch Nachteile.

4. Ich finde schnell interessante Filme oder Serien.

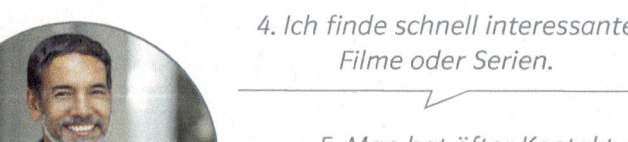

2. Ich kann schnell Preise vergleichen.

5. Man hat öfter Kontakt mit Freunden auf der ganzen Welt.

3. Manchmal verbringe ich zu viel Zeit mit Online-Spielen.

6. Vor einem Kauf kann ich die Kommentare von anderen Leuten lesen.

1. Er denkt, dass das Internet viele Vorteile hat, aber auch Nachteile.

Nebensatz mit *wenn*: Konditionalsatz   **A2 K4**

Hauptsatz				**Nebensatz**			
Ich	**bin**	nervös,		**wenn**	ich	eine Prüfung	**habe**.
Ich	**bin**	glücklich,		**wenn**	ich	mit Freunden	feiern **kann**.
Ich	**habe**	Angst,		**wenn**	ich	einen Horrorfilm	**sehe**.
	Verb			*wenn*	Subjekt		Satzende: Verb

Nebensatz				**Hauptsatz**		
Wenn	ich	eine Prüfung	**habe**,	(dann)	**bin**	ich nervös.
Wenn	ich	mit Freunden	feiern **kann**,	(dann)	**bin**	ich glücklich.
Wenn	ich	einen Horrorfilm	**sehe**,	(dann)	**habe**	ich Angst.
wenn	Subjekt		Satzende: Verb		Verb	

Der Nebensatz beginnt mit *wenn*, dann folgt das Subjekt. Das konjugierte Verb steht ganz am Ende.
Trennbare Verben sind im Nebensatz nicht getrennt.
Wenn der Nebensatz am Anfang des Satzes steht, beginnt der Hauptsatz mit dem konjugierten Verb.

A2 K4   **136**   **Freizeit. Schreiben Sie die Sätze mit *wenn*.**

1. ich / nicht arbeiten müssen – ich / meine Freunde / treffen
   Wenn ich nicht arbeiten muss, treffe ich meine Freunde.

2. das Wetter / schön / sein – wir / in den Park / gehen
   _____

3. wir / schwimmen / im See – es / heiß sein
   _____

4. es / regnen – wir / im Café / sitzen
   _____

5. ein spannender Film / laufen – wir / ins Kino / gehen
   _____

6. wir / feiern / die ganze Nacht – wir / am nächsten Tag / frei haben
   _____

A2 K4   **137**   **Was passt: *weil*, *dass* oder *wenn*? Kreuzen Sie an.**

Ich war heute nicht in der Uni, (1) ☐ weil ☐ dass ☐ wenn ich krank war. Stimmt es,
(2) ☐ weil ☐ dass ☐ wenn Professor Novotny heute auch nicht da war? (3) ☐ Weil ☐ Dass
☐ Wenn ich morgen immer noch krank bin, gehe ich zum Arzt. 🤒

Gute Besserung! Sag Bescheid, (4) ☐ weil ☐ dass ☐ wenn du Hilfe brauchst. Ja, der Novotny
war auch krank. Andere Frage: Wir grillen am Samstag bei mir. Hast du Lust? (5) ☐ Weil ☐ Dass
☐ Wenn es regnet, bestellen wir Pizza. Sebastian hat gesagt, (6) ☐ weil ☐ dass ☐ wenn er
auch kommt. 🙂

Ich habe mich sehr gefreut, (7) ☐ weil ☐ dass ☐ wenn du mich eingeladen hast. Aber ich kann
leider nicht kommen, (8) ☐ weil ☐ dass ☐ wenn ich am Wochenende nach München fahre.
Hoffentlich bin ich dann wieder gesund!

Nebensatz mit *als* und *wenn*: Temporalsatz

Hauptsatz			Nebensatz			
Melly	**hat**	die Schule gewechselt,	**als**	sie	14 Jahre alt	**war.**
Melly	**hat**	Musik gehört,	**(immer) wenn**	sie	traurig	**war.**
	Verb		*als/wenn*	Subjekt		Satzende: Verb

Nebensatz				Hauptsatz	
Als	Melly	14 Jahre alt	**war,**	**hat**	sie die Schule gewechselt.
(Immer) Wenn	Melly	traurig	**war,**	**hat**	sie Musik gehört.
als/wenn	Subjekt		Satzende: Verb	Verb	

Nebensätze mit *als* gibt es nur in der Vergangenheit. Man verwendet sie für einmalige Ereignisse. Die Dauer kann auch länger sein: *Als Melly 14 Jahre alt war, …*

Für mehrmalige Ereignisse in der Vergangenheit verwendet man *wenn*. In Sätzen mit *wenn* in der Vergangenheit gibt es oft Wörter wie *oft, meistens, immer …: Wenn sie glücklich war, hat sie oft getanzt.* Im Präsens verwendet man immer *wenn*.

138 **Neuigkeiten. Ergänzen Sie *als* oder *wenn* in der Mail.**

> Liebe Flavia,
>
> wie geht es dir?
>
> Ich muss dir dringend was erzählen: Ich besuche doch meine Familie am Wochenende,
>
> (1) _____wenn_____ ich Zeit habe. Früher hat meine Oma dann immer mein Lieblingsessen gekocht,
>
> (2) _____ ich gekommen bin, aber jetzt ist sie alt und es ist zu viel Arbeit für sie. Deshalb bin ich mit meinen Eltern ins Restaurant gegangen,
>
> (3) _____ ich das letzte Mal dort war.
>
> Und stell dir vor, wen ich da dort getroffen habe: Maria und Sven! Die haben sich doch immer gestritten, (4) _____ wir noch in der Schule waren. Sie haben damals noch nicht mal „Hallo" gesagt, (5) _____ sie sich gesehen haben. Deshalb habe ich mich total gewundert, (6) _____ ich sie zusammen im Restaurant gesehen habe. Und jetzt kommt die große Neuigkeit: Sie sind verheiratet! 😊 Sie haben sich wiedergetroffen, (7) _____ sie beide in Köln studiert haben, und haben sich verliebt. Und (8) _____ sie dann mit dem Studium fertig waren, haben sie geheiratet und sind zurück nach Ulm gezogen. Lustig, oder?
>
> Ruf mich doch mal an, (9) _____ du Zeit hast! Dann erzähle ich dir noch mehr! 😊
>
> Liebe Grüße
>
> Hannah

A2 K10 **139** **Rund um den Urlaub. Nebensätze mit *weil*, *wenn* und *als*. Verbinden Sie die Hauptsätze.**

1. Wir haben viele Sachen mitgenommen. Wir sind im Sommer ans Meer gefahren.

   Wir haben viele Sachen mitgenommen , als _wir im Sommer ans Meer gefahren sind_ .

2. Es hat an einem Tag viel geregnet. Wir sind ins Museum gegangen.

   Weil _____ .

3. Ich war im Museum. Mein Freund Tom hat angerufen.

   Als _____ .

4. Tom kann keinen Urlaub machen. Sein Kollege ist krank.

   _____ , weil _____ .

5. Toms Kollege ist wieder gesund. Er nimmt ein paar Tage frei und besucht uns.

   Wenn _____ .

Nebensatz mit *obwohl*: Konzessivsatz **B1 K1**
Widerspruch/Kontrast

Melina hatte schöne Tage im Urlaub,	**obwohl** das Wetter schlecht **war**.
Obwohl die Flüge teuer **sind**,	kommen viele Touristen hierher.

B1 K1 **140** ***da* oder *obwohl*? Verbinden Sie die Sätze.**

1. Mirko will im Sommer ans Meer fahren, obwohl   A er nicht gern Zug fährt.
2. Er hat ein Hotel an der Ostsee gebucht, da   B sie einen großen Garten hat.
3. Er möchte mit dem Auto dorthin fahren, da   C Hunde im Hotel erlaubt sind.
4. Seinen Hund nimmt Mirko nicht mit, obwohl   D er nicht gern schwimmt.
5. Seine Schwester kümmert sich um den Hund, da   E ihm die Landschaft dort gefällt.

B1 K1 **141** **Geburtstag – mal anders! Ergänzen Sie *weil/da* oder *obwohl*.**

○ Hallo Anna, wie war dein Geburtstag?

● Na ja. Ich wollte für einige Freunde schön kochen, (1) _obwohl_ ich gerade echt viel Arbeit

habe. Aber dann ist niemand gekommen, (2) _____ alle vorher zugesagt haben.

○ Warum das denn?

● Alle hatten einen Grund: Naomi konnte nicht kommen, (3) _____ sie krank war. Sarah

hat abgesagt, (4) _____ sie eine Seminararbeit abgeben musste.

○ Und was war mit Marc und Elisa? Warum sind sie nicht gekommen?

● (5) _____ ihr Auto kaputt war. Levin und ich sind dann in mein Lieblingsrestaurant

gegangen, (6) _____ wir schon alles gekocht hatten.

○ Was habt ihr mit dem ganzen Essen gemacht?

● (7) _____ es so viel war, haben wir am nächsten Tag unsere Nachbarn eingeladen. Es

war total spannend, (8) _____ unsere Nachbarn viel reisen und davon erzählt haben.

○ Also hattest du doch ein schönes Fest, (9) _____ du es anders geplant hast.

deshalb/deswegen/ darum/daher	Hauptsatz Tarik ist viel unterwegs,	Hauptsatz **darum braucht** er eine Powerbank.
sodass / so ... dass	Hauptsatz Im Geschäft gibt es Beratung, Marlas Kopfhörer waren **so** <u>teuer</u>,	Nebensatz **sodass** Tarik lieber dort **einkauft**. **dass** sie lange **sparen musste**.
	Adjektiv Wenn im Hauptsatz ein Adjektiv oder Adverb steht, steht *so* meistens davor.	

B1 K2 **142** **Veränderungen. Schreiben Sie die Sätze.**

1. unzufrieden sein / Pedro / in der Arbeit deshalb Stellenanzeigen / lesen / er

   Pedro ist in der Arbeit unzufrieden, deshalb liest er Stellenanzeigen.

2. nicht hoch sein / sein Gehalt darum eine besser bezahlte Stelle / suchen / er

   _____

3. viel Erfahrung haben / Pedro so ... dass eine Stelle / finden / sicher schnell / er

   _____

4. alle Dokumente vorbereiten / er sodass sofort / sich bewerben können / er

   _____

5. gern mögen / seine Kollegen / er deswegen ein bisschen traurig / sein / auch / er

   _____

bevor	Julia trinkt Kaffee, **bevor** sie **telefoniert**.
bis	Wir warten, **bis** du **zurückkommst**.
nachdem	**Nachdem** Matilda **umgezogen** war, **fühlte** sie sich oft einsam. Es **gefällt** ihr in Freiburg gut, **nachdem** sie neue Freunde **gefunden hat**.
seit/seitdem	**Seit** du wieder **arbeitest**, bist du gestresst. **Seitdem** du den Job **gewechselt hast**, bist du ständig erschöpft.
während	**Während** ich **aufräume**, kochst du für uns.

In Nebensätzen mit *nachdem* verwendet man ein anderes Tempus als im Hauptsatz:
im Hauptsatz Präsens → im Nebensatz Perfekt
im Hauptsatz Präteritum → im Nebensatz Plusquamperfekt
In der gesprochenen Sprache kann man auch verwenden:
im Hauptsatz Perfekt → im Nebensatz Plusquamperfekt

B1 K7 **143** **Zusammenleben. Ergänzen Sie Nebensätze mit *nachdem* und achten Sie auf die passende Zeitform.**

1. Andrea war im Park, _*nachdem sie die Fenster geputzt hatte*_____. (die Fenster putzen)

2. Sie kocht am Abend, _____. (einkaufen)

3. Ihr Freund macht die Küche sauber, _____. (Andrea kochen)

4. Sie lernten sich in Wien kennen, _____. (er dort hinziehen)

5. Sie zogen nach Salzburg, _____. (seinen Abschluss machen)

B1 K7 **144** Mein Urlaub in Spanien. *bevor* und *nachdem*. Schreiben Sie die Sätze in der Vergangenheit.

	zuerst	dann	Konnektor
1.	ein Ticket kaufen	nach Spanien fliegen	bevor
2.	in Spanien ankommen	ans Meer fahren	nachdem
3.	im Restaurant essen	im Hotel einchecken	nachdem
4.	den nächsten Tag planen	schlafen gehen	bevor
5.	früh aufstehen	im Pool schwimmen	nachdem
6.	Postkarten schreiben	nach Hause fliegen	bevor

1. *Ich habe ein Ticket gekauft, bevor ich nach Spanien geflogen bin.*

2. _____

3. _____

4. _____

5. _____

6. _____

B1 K7 **145** Gemeinsame Freizeit? Was passt: *seit/seitdem*, *während* oder *bis*? Kreuzen Sie an.

1. ☐ Bis ☐ Seit ☐ Während Kim und David sich kennen, haben sie unterschiedliche Freizeitpläne.
2. David macht nach der Arbeit Sport, ☐ bis ☐ seitdem ☐ während Kim noch mit Kunden spricht.
3. Kim muss noch länger arbeiten, ☐ bis ☐ seitdem ☐ während sie ein neues Projekt hat.
4. ☐ Bis ☐ Seit ☐ Während Kim nach Hause kommt, hat David Abendessen gekocht.
5. ☐ Bis ☐ Seit ☐ Während sie am Wochenende noch schläft, ist er schon unterwegs.
6. Abends schläft David ein, ☐ bis ☐ seit ☐ während sie zusammen eine Serie sehen.

B1 K7 **146** Meine aktiven Nachbarn! Verbinden Sie die Satzteile und schreiben Sie Sätze.

schönes Wetter sein | fit werden | gern schwimmen |
gute Tickets viel kosten | im Winter das Wasser zu kalt sein |
ihre Eltern unterwegs sein | in Argentinien leben (Perfekt) |
einen Marathon schaffen | Tickets günstiger bekommen |
Tango lernen (Perfekt)

1. Herr und Frau Ring fahren Fahrrad, wenn _*das Wetter schön ist.*_

2. Ihre Kinder besuchen Freunde, während _____

3. Patrick läuft täglich eine Stunde, um _____

4. Er will so lange trainieren, bis _____

5. Frau Scarpa fährt oft zum See, weil _____

6. Sie findet es sehr schade, dass _____

7. Adam tanzt Tango, seit _____

8. Er hatte kein Interesse am Tanzen, bevor _____

9. Melanie geht oft ins Fußballstadion, obwohl _____

10. Sie ist jetzt Mitglied im Verein, damit _____

indirekte Fragesätze
W-Fragen

direkte Frage	Hauptsatz	Nebensatz: indirekte Frage
„Warum **fährt** der Zug nicht **weiter**?"	Der Mann fragt,	**warum** der Zug nicht **weiterfährt**.
„Wohin **kann** ich den Koffer **stellen**?"	Die Frau weiß nicht,	**wohin** sie den Koffer **stellen kann**.

Ja-/Nein-Fragen mit *ob*

direkte Frage	Hauptsatz	Nebensatz: indirekte Frage
„**Gibt** es hier einen Parkplatz?"	Bine möchte wissen,	**ob** es hier einen Parkplatz **gibt**.
„**Kann** ich das Auto überall **parken**?"	Sie fragt,	**ob** sie das Auto überall **parken kann**.

Verwendung

Redewiedergabe	Der Mann fragt, warum der Zug steht.
	Der Mann fragt, ob der Zug bald weiterfährt.
Höflichkeit	Könnten Sie mir sagen, warum der Zug steht?
	Könnten Sie mir sagen, ob der Zug bald weiterfährt?

A2 K7 **147** **Unterwegs in der fremden Stadt. Formulieren Sie die Fragen höflich.**

1. Wo ist die nächste U-Bahn-Station? *2. Wann fährt der Bus zum Bahnhof?*

3. Wie komme ich zum Marktplatz? *4. Wohin fährt die Straßenbahn?* *5. Was kostet das Busticket?*

1. Können Sie mir sagen, _wo die nächste U-Bahn-Station ist_ _____?

2. Könnten Sie mir erklären, _____?

3. Wissen Sie vielleicht, _____?

4. Könnten Sie mir sagen, _____?

5. Darf ich Sie fragen, _____?

A2 K7 **148** **Meine Freunde wollen alles wissen. Formulieren Sie indirekte Fragen mit *ob*.**

1. „Bist du mit dem Zug gefahren?"

   Sie fragen mich, _ob ich mit dem Zug gefahren bin_ .

2. „Warst du im Hotel?"

   Sie wollen wissen, _____.

3. „Hast du eine Stadtführung gemacht?"

   Sie fragen, _____.

4. „Gefällt dir Berlin?"

   Sie möchten wissen, _____.

5. „Hast du bald wieder Urlaub?"

   Sie wollen wissen, _____.

6. „Fährst du dann mit uns weg?"

   Sie fragen, _____.

Relativsätze A2 K12 B1 K6

Nominativ	Es gibt sehr viele Menschen, **die** in Städten **leben**.
Akkusativ	Der Park, **den** alle gern **nutzen**, ist direkt neben meinem Haus.
Dativ	Zu Menschen, **denen** man oft **begegnet**, hat man eine engere Beziehung.
Präposition + Akkusativ	Alle Dinge, **auf die** man im Alltag nicht **verzichten kann**, findet man in der Nähe.
Präposition + Dativ	Man trifft andere Bewohner, **mit denen** man sich **unterhalten kann**.

Die Relativpronomen im Nominativ, Akkusativ und Dativ haben die gleichen Formen wie die bestimmten Artikel: *der/den/dem, das/das/dem, die/die/der, die* ! Dativ Plural: *denen*
Die Präposition steht vor dem Relativpronomen und bestimmt den Kasus.

Eingeschobene Relativsätze

Menschen, **die** man oft **trifft,** werden manchmal gute Freunde.

Der Relativsatz steht meistens direkt hinter dem Bezugswort und kann auch mitten im Satz stehen. Manchmal ist der Relativsatz nur nahe beim Bezugswort: *Ich habe **das Bild** gekauft, **das** hier hängt.*

A2 K12 **149** **Ich brauche ein Souvenir! Ergänzen Sie das Relativpronomen im Nominativ oder Akkusativ.**

○ Schau mal, in dem Geschäft, (1) ___*das*___ dort an der Ecke ist, gibt es tolle Souvenirs.

● Ich möchte meinem Nachbarn, (2) _____ meine Katze füttert, etwas mitbringen.

○ Ist das der Nachbar, (3) _____ neben dir wohnt?

● Genau! Er ist super nett. Musst du auch noch etwas kaufen?

○ Ich suche für eine Freundin, (4) _____ bald Geburtstag hat, ein lustiges Geschenk.

● Sieh mal, das Café Anna. Der Kaffee, (5) _____ man da bekommt, soll super sein.

○ Wollen wir hier einen Kaffee trinken? Dann können wir auch die Postkarten schreiben,

(6) _____ wir gekauft haben.

● Gern. Dann kannst du mir auch die Fotos zeigen, (7) _____ du heute gemacht hast.

A2 K12 **150** **Das Firmenfest. Schreiben Sie eingeschobene Relativsätze im Nominativ und Akkusativ.**

1. Das Firmenfest ist morgen. Meine Abteilung hat es organisiert.
   Das Firmenfest, das meine Abteilung organisiert hat, ist morgen.

2. Die Getränke sind noch nicht da. Wir haben sie vor einer Woche bestellt.
   _____

3. Die Band ist schon gebucht. Sie spielt am Abend.
   _____

4. Ein Kollege hat leider keine Zeit. Ich mag ihn besonders gern.
   _____

5. Der Kellner war lustig. Er hat uns beim letzten Fest bedient.
   _____

Sätze verbinden

B1 K6 **151** **Flohmarkt in der Schule. Markieren Sie das Relativpronomen im Nominativ, Akkusativ oder Dativ.**

○ Das ist ja eine tolle Mütze. Wer hat die gemacht?
● Das Kind dort, (1) ☐ das ☐ dem die Verkäuferin gerade Geld zurückgibt.
○ Wem gehört die Jacke, (2) ☐ die ☐ der auf dem Tisch liegt?
● Die Jacke ist von dem Jungen, (3) ☐ der ☐ den dort links sitzt.
○ Und wie heißt noch mal der Junge, (4) ☐ den ☐ dem du gerade den Kuchen gegeben hast?
● Das ist Max. Er ist der Bruder von Lisa, (5) ☐ die ☐ der wir gestern getroffen haben.
○ Ach, sind das die Geschwister, (6) ☐ die ☐ denen du manchmal beim Lernen hilfst?

B1 K6 **152** **Neu in der Arbeit. Erklären Sie alles genau. Ordnen Sie zu und formulieren Sie Relativsätze mit Präposition.**

In dem Büro sitzt du. | ~~Mit den Kollegen kannst du essen gehen.~~ |
Für den Kaffee musst du nichts zahlen. | Ohne die Mitarbeiterin
funktioniert hier nichts. | Neben der Küche steht der Kopierer. |
Von dem Mitarbeiter bekommst du den Schlüssel.

1. Das sind die Kollegen, *mit denen du essen gehen kannst.*

2. Das ist das Büro, _____

3. Das ist der Mitarbeiter, _____

4. Hier ist der Kaffee, _____

5. Das ist die Küche, _____

6. Das ist die Mitarbeiterin, _____

→ weitere Übungen auf S. 50 (Relativpronomen)

Relativsätze mit *was* und *wo* **B1 K11**

was bezieht sich auf ganze Sätze oder auf Pronomen wie *alles, etwas, nichts* oder *das*.	Hier gibt es viele Parks, **was** ich toll finde. Die Stadt hat alles, **was** ich mag. Viel Kultur ist etwas, **was** eine Stadt attraktiv macht. Der Verkehr ist nichts, **was** mich stört. Ist es das, **was** du gesucht hast?
wo bezieht sich auf Ortsangaben.	Hamburg ist eine Stadt, **wo** ich gerne wohnen würde.

B1 K11 **153** **Meine Traumstadt. Ergänzen Sie *was* oder *wo*.**

Träumer28 In meiner Traumstadt gibt es alles, (1) __was__ man sich nur wünschen kann.

Die Straßen, (2) _____ die Menschen wohnen, sind grün und es gibt fast keine

Autos. Die Kinder können überall spielen, (3) _____ sie möchten. Es gibt nichts,

(4) _____ die Nachbarn stört. In der Stadt gibt es viele Parks, (5) _____ alle grillen

und entspannen können. Natürlich müssen die Menschen auch arbeiten, aber die

Firmen, (6) _____ sie tätig sind, haben auch Sportstudios und Pausenbereiche. Die

Menschen können am Wochenende alles machen, (7) _____ sie wollen, denn in der

Stadt gibt es zahlreiche Angebote.

nach bestimmten Verben	anfangen, aufhören, sich entscheiden, planen, vergessen, versuchen, vorhaben, vorschlagen …	Ich habe vergessen, dich **an**zu**rufen**.
nach Adjektiven + *sein/finden*	anstrengend, gut, interessant, langweilig, schön, spannend, wichtig … sein/finden	Es ist langweilig, den ganzen Tag am Strand **zu** **sein**.
nach Nomen + *haben/machen*	(keine) Lust haben, (keine) Zeit haben, (keinen) Spaß machen …	Ich habe keine Zeit, ins Reisebüro **zu** **gehen**.

Bei trennbaren Verben steht *zu* zwischen Präfix und Verbstamm: *anzurufen, einzuladen* …

B1 K1 **154** **Ein Interview. Formulieren Sie die Fragen und verwenden Sie den Infinitiv mit *zu*.**

1. ○ Hast du Lust, *noch eine Sprache zu lernen* _____?

   ● Ja, ich möchte noch eine Sprache lernen.

2. ○ Versuchst du, _____?

   ● Nein, ich mache nicht oft Sport.

3. ○ Findest du es interessant, _____?

   ● Ja, ich lerne gern neue Leute kennen.

4. ○ Macht es dir Spaß, _____?

   ● Ja, ich besuche gern Museen.

5. ○ Planst du, _____?

   ● Nein, ich mache keine Radtour.

6. ○ Ist es für dich spannend, _____?

   ● Ja, Computerspiele sind super.

7. ○ Hast du Zeit, _____?

   ● Ich koche selten für Freunde.

B1 K1 **155** **Gesunde Ernährung. Ordnen Sie zu und formulieren Sie die Tipps mit Infinitiv mit *zu*.**

Obst und Gemüse essen | nach dem Essen einen Spaziergang machen | abends keine fettigen Gerichte essen | Ihr Essen selbst kochen | ausreichend trinken | mehr Lebensmittel aus der Region kaufen

1. Wollen Sie gut schlafen? Denken Sie daran, *abends keine fettigen Gerichte zu essen.*

2. Vitamine sind wichtig. Es ist gut für Sie, _____

3. Der Körper braucht viel Wasser. Vergessen Sie nicht, _____

4. Gibt es einen Bauernmarkt in der Nähe? Sie könnten versuchen, _____

   _____

5. Zum gesunden Essen gehört auch die Zubereitung. Nehmen Sie sich Zeit, _____

   _____

6. Bewegung tut gut. Vielleicht haben Sie Lust, _____

   _____

Nebensatz mit *damit* oder *um … zu*: Finalsatz

Aktion: Hauptsatz	Ziel: Nebensatz
Die Bibliothek ist auch sonntags geöffnet,	**damit** die Studierenden dort **lernen können**.
Jenny lernt in der Bibliothek,	**damit** sie eine gute Note **bekommt**.
Jenny lernt in der Bibliothek,	**um** eine gute Note **zu bekommen**.

damit und *um … zu* haben die gleiche Bedeutung.
Man verwendet **immer** *damit*, wenn die **Subjekte** in Haupt- und Nebensatz **nicht gleich** sind.
Man verwendet *damit* **oder** *um … zu*, wenn die **Subjekte** in Haupt- und Nebensatz **gleich** sind.
In Sätzen mit *um … zu* gibt es kein Subjekt. Das Verb steht im Infinitiv.

B1 K5 **156** **Mein Tag. Was passt? Ordnen Sie zu.**

1. Ich stehe früh auf, _____
2. Ich lerne den ganzen Vormittag, _____
3. Ich helfe Maria bei ihrem Referat, _____
4. Ich rufe meine Freunde an, _____
5. Ich kaufe im Supermarkt ein, _____
6. Am Abend jobbe ich in einem Café, _____
7. Danach gehe ich gleich ins Bett, _____

A damit sie nicht so nervös ist.
B damit ich etwas kochen kann.
C damit ich am nächten Tag fit bin.
D um mich mit ihnen zu verabreden.
E um Geld zu verdienen.
F um meine Prüfung zu bestehen.
G um pünktlich in der Uni zu sein.

B1 K5 **157** **Karims Einladung. Schreiben Sie Sätze mit *um … zu*. Wenn das nicht möglich ist, formulieren Sie die Sätze mit *damit*.**

1. Karim ruft seine Freunde an, *um sie zum Abendessen einzuladen.*
   (sie – zum Abendessen einladen)

2. Er beginnt früh mit den Vorbereitungen, _____
   (keinen Stress – haben)

3. Zuerst räumt er die Wohnung auf, _____
   (die Gäste – sich wohlfühlen)

4. Er kocht vegetarisch, _____
   _____
   (alle – das Gericht essen können)

5. Seine Freundin Lilli kommt früher, _____
   _____
   (ihm – helfen)

6. Die Gäste bringen Blumen mit, _____
   (Karim – eine Freude machen)

7. Lilli und Karim machen die Küche sauber, _____
   (es – wieder ordentlich sein)

8. Karim lädt Lilli ins Kino ein, _____
   (ihr – für die Hilfe – danken)

Zweiteilige Konnektoren

sowohl … als auch … / nicht nur …, sondern auch …	das eine **und** das andere	Ich höre **sowohl** Klassik **als auch** Pop. Ich höre **nicht nur** Klassik, **sondern auch** Pop.
entweder … oder … weder … noch …	das eine **oder** das andere das eine **nicht** und das andere auch **nicht**	Er hört **entweder** Rock **oder** Heavy Metal. Sie hört **weder** Pop **noch** Jazz.
zwar …, aber …	das eine **mit Einschränkungen**	Ich höre **zwar** gern Radio, **aber** manchmal nervt die Werbung.
einerseits …, andererseits …	Gegensatz; eine Sache hat **zwei Seiten**	**Einerseits** höre ich gern laute Musik, **andererseits** stört sie mich manchmal auch.

Zweiteilige Konnektoren können Satzteile oder ganze Sätze verbinden:
*Ella spielt **nicht nur** Flöte, **sondern auch** Klavier.*
*Brian spielt **nicht nur** Gitarre, **sondern** er singt **auch** gut.*

158 **Wo soll ich studieren? Ergänzen Sie die Sätze mit den zweiteiligen Konnektoren.**

einerseits …, andererseits | ~~entweder … oder~~ | nicht nur …, sondern auch | sowohl … als auch | weder … noch | zwar …, aber

---

HansimGlück Endlich mit der Schule fertig, aber wo soll ich jetzt studieren und wohnen?

Ich könnte (1) _entweder_ hier bei meinem Eltern wohnen bleiben

oder in einer anderen Stadt studieren. Was denkt ihr?

Frieda97 Also, ich glaube, hier gibt es keine einfache Antwort. (2) _____ ein

Umzug in eine andere Stadt _____ das Studium an deinem Heimatort

kann toll sein. Es kommt wohl eher darauf an, wo dir die Universität besser gefällt.

Profmül @Frieda97 Du hast recht. Die Universität ist (3) _____ wichtig,

_____ auch vieles andere – zum Beispiel wie du dein Studium

finanzierst und wie teuer die Miete in der neuen Stadt ist.

Marty2020 Das stimmt! Und du musst (4) _____ Miete bezahlen,

_____ selbst kochen und alles organisieren. Das kann ganz schön

anstrengend sein.

Sonne!!! Also, so schlimm ist das Studentenleben auch nicht. (5) _____ musst

du natürlich im Alltag mehr machen als zu Hause, _____ bist du viel

freier und kannst machen, worauf du Lust hast.

BaBa Lieber @HansimGlück, mach es dir nicht zu schwer – (6) _____

Zuhausebleiben _____ Umziehen ist richtig oder falsch. Mach einfach

das, was dir besser gefällt. Und Umziehen kann man auch öfter. 😊

Sätze verbinden

B1 K12

Sätze mit je ..., desto/umso ...

Nebensatz			Hauptsatz		
Je öfter	man Deutsch	**spricht,**	**desto/umso leichter**	**wird**	es.
Je mehr	man	**übt,**	**desto/umso besser**	**sind**	die Noten.
je + Komparativ		Verb: Satzende	*desto/umso* + Komparativ	Verb	

B1 K12 **159** **So lerne ich Sprachen. Schreiben Sie die Sätze mit *je ..., desto/umso ...***

1. viel üben → gut werden

   Je mehr ich übe, desto besser werde ich.

2. lang lernen → viele Wörter kennen

   _____

3. oft sprechen → wenig Fehler machen

   _____

4. viele Filme sehen → sie leicht verstehen

   _____

5. häufig Aufgaben machen → schnell werden

   _____

6. wenig Angst haben → es viel Spaß machen

   _____

   → weitere Übungen auf S. 39 (Komparativ und Superlativ)

B1 K4

irreale Bedingungssätze mit Konjunktiv II

Ich **würde** einen Kaffee **trinken,**	**wenn** ich Zeit **hätte.**
Wenn Boris nicht so gestresst **wäre,**	**könnte** er mir **helfen.**

Irreale Bedingungssätze drücken etwas aus, was nicht Realität ist. Sie bestehen aus einem Hauptsatz und einem Nebensatz mit *wenn.* In beiden Satzteilen stehen die Verben im Konjunktiv II.

B1 K4 **160** **Alles wäre besser, wenn ... Schreiben Sie irreale Nebensätze mit *wenn.***

1. Ich könnte Volleyball spielen, wenn _*ich nicht so viel arbeiten müsste*_____.
   (ich / nicht müssen / so viel arbeiten)

2. Wenn _____, könnte sie mehr erledigen.
   (meine Kollegin / nicht so viel / reden)

3. Im Büro wäre es viel entspannter, wenn _____.
   (mein Chef / sein / öfter unterwegs)

4. Ich könnte konzentrierter arbeiten, wenn _____.
   (ich / haben / ein eigenes Büro)

5. Wenn _____, würde es mir mehr Spaß machen.
   (ich / müssen / machen / keine Überstunden)

6. Wenn _____, wäre ich wirklich froh.
   (ich / können / bald / Urlaub nehmen)

   → weitere Übungen auf S. 26 (Konjunktiv II)

Sätze

1
2. Wir frühstücken zusammen in der Küche.
3. Um 7:35 Uhr fahren meine Kinder in die Schule.
4. Nach der Schule holt mein Mann die Kinder ab.
5. Ich muss am Nachmittag arbeiten.
6. Am Samstag können wir lang schlafen.

2
2. Wir haben zusammen in der Küche gefrühstückt.
3. Um 7:35 Uhr sind meine Kinder in die Schule gefahren.
4. Nach der Schule hat mein Mann die Kinder abgeholt.

3
2. Wann, 3. Woher, 4. Wer, 5. Wie viele, 6. Wo, 7. Wen, 8. Was

4
2. Wollen wir am Nachmittag einen Ausflug machen?
3. Kaufst du die Getränke?
4. Brauchen wir Essen?
5. Willst du im See schwimmen?

5
1C, 2D, 3A, 4B

6
2. Bleiben Sie im Bett!
3. Nehmen Sie eine Tablette!
4. Sprich nur wenig!
5. Mach keinen Sport!
6. Trink viel Tee!

7
1. Svenja kann leider <u>nicht</u> gut malen.
2. Im Schulunterricht haben sie <u>nicht</u> oft gezeichnet.
3. In ihrer Freizeit hat Svenja <u>nicht</u> gemalt.
4. Svenjas Familie findet das <u>nicht</u> schlimm. Sie interessiert sich <u>nicht</u> für Malerei.
5. Im Urlaub geht die Familie deswegen auch <u>nicht</u> in Museen.
6. Svenja ist auch <u>nicht</u> besonders musikalisch, deshalb singt sie <u>nicht</u>.

8
2. Nein, ich habe keine Bilder an die Wand gehängt.
3. Nein, ich habe früher nicht gemalt.
4. Nein, ich würde kein Geld für ein Kunstwerk ausgeben.
5. Nein, moderne Kunst gefällt mir nicht. / Nein, mir gefällt moderne Kunst nicht.
6. Nein, ich kenne keinen bekannten Künstler aus Deutschland.

Verb

9
2. kommt, 3. wohnen, 4. arbeitet, 5. besuche, 6. Fährst, 7. kochen, 8. Triffst, 9. gehen, 10. kommst, 11. siehst

10 *Lösungsmuster:*
Ich heiße Milena und ich komme aus Bulgarien. Ich koche gern. Ich gehe manchmal ins Kino. Ich sehe gern Filme.

11

keine Vokal-änderung	e → i/ie	a → ä
anziehen	essen	fahren
finden	geben	anfangen
gehen	sehen	raten
leben	sprechen	schlafen
machen	treffen	
schicken		
wohnen		

ich mache	ich esse	ich fahre
du machst	du isst	du fährt
er/es/sie macht	er/es/sie isst	er/es/sie fährt

12
richtig: 2, 5, 6
falsch: 3, 4, 7, 8
3. Rufst du jetzt noch Paula an?
4. Dann nehmen wir sie auch mit.
7. Nach dem Kurs kaufe ich im Supermarkt ein.
8. Am Abend sehe ich fern.

13
2. ist, ist, 3. bin, ist, Haben, 4. habe, hat, 5. sind, ist, ist, 6. seid, 7. sind

14
1. war, hatte, war, war, 2. waren, waren, war, 3. wart, hatten, Waren, hatten

15
1. wird, 2. ist, 3. werden, 4. sind, 5. wird

16
2. werden, 3. sind … geworden, 4. ist … geworden, 5. wird, 6. ist … geworden, 7. ist … geworden, 8. wird, 9. Bist … geworden, 10. bin … geworden

17
1. ruf, 2. Kommen, 3. Setzen, 4. Seien, bringen, 5. lest, antwortet, 6. bereite, 7. hilf

18
1. muss, 2. müssen, 3. müssen, 4. wollen, 5. können, 6. müssen, 7. kann, 8. will, 9. können, 10. könnt, 11. will

19
2. Ja, ich kann einen Kuchen mitbringen.
3. Ja, ich kann dich von der Arbeit abholen.
4. Ja, ich kann noch einkaufen.
5. Ja, ich kann schon mit dem Kochen anfangen.

20
2. will/möchte, 3. kann, 4. willst/möchtest, 5. muss, 6. soll/muss, 7. darf/kann, 8. muss, 9. Kannst/Willst

21
2. Meine Freundin Leah kann nicht mitkommen.
3. Sie muss das ganze Wochenende arbeiten.
4. Ich soll Leah ein Geschenk mitbringen.
5. Am Samstag will ich Freunde besuchen.
6. Meine Freunde und ich wollen zu einem See fahren.
7. Am See darf man keine Party feiern.

22
1. durfte/konnte, 2. musste, 3. wollten, 4. konnte, 5. solltest, 6. musste

23
2. Ja, wir mussten zu Hause helfen.
3. Ja, ich durfte/konnte abends Freunde treffen.
4. Ja, die Freunde mussten früh nach Hause gehen.
5. Ja, wir durften/konnten manchmal nach der Schule in die Stadt fahren.
6. Ja, meine Eltern wollten gern Ausflüge mit uns machen.

24 Hallo, ich bin Mateo und wohne in Karlsruhe. Ich habe einen Hund. Er heißt Bobby und ist super! Ich mag Tiere! Aber ich habe viele Hobbys! Ich sehe gern Filme und ich lese gern Bücher. Am Wochenende besuchen wir oft Freunde. Dann backe ich einen Kuchen. Oder Mama und Papa bestellen eine Pizza und machen einen Salat. Essen ist wichtig! Was sind eure Hobbys?

25 1. eine, eine, 2. einen, keinen

26 2. helfen, 3. gefällt, 4. passt, steht

27 1. den, 2. der, 3. ihm, 4. ihnen, 5. den

28 1. ihn, 2. mir, den, 3. dir, einen, 4. Ihnen, sie, 5. ihn, 6. den, sie, 7. der, einen

29 1. D, A; 2. D, A; 3. A, D; 4. D, A; 5. D, A; 6. D, A; 7. A, D; 8. A, D

30 2. es dir, 3. sie ihm, 4. sie euch, 5. es uns

31 1D, 2E, 3A, 4F, 5B, 6C

32 2a, 3b, 4a, 5b, 6b, 7c, 8a, 9c

33 1. mich, 2. uns, 3. sich, 4. dich, 5. sich

34 1. mich beeilen, 2. ärgere … mich, entschuldigen sich, 3. Freust … dich

35 Dativ: 6
Akkusativ: 2, 3, 4, 5

36 2. Du brauchst dich nur warm anzuziehen.
3. Du brauchst nicht zu kochen.
4. Du brauchst keine Angst zu haben.
5. Du brauchst kein Geschenk zu kaufen.
6. Du brauchst nur noch das Team zu informieren.

37 2. Gabriel lässt Fotos machen.
3. Gabriel fährt Auto.
4. Gabriel lässt seine Haare schneiden.
5. Gabriel backt einen Kuchen.
6. Gabriel lässt sein Auto reparieren.
7. Gabriel repariert sein Fahrrad.
8. Gabriel macht Fotos.

38 2. Für die Hochzeit meines Bruders habe ich meinen Anzug reinigen lassen.
3. Mein Sohn hat seine kleine Schwester beim Spielen gewinnen lassen.
4. Wir haben uns mittags eine Pizza bringen lassen.
5. Unsere Nachbarn haben ihre Küche streichen lassen.
6. Habt ihr eure Reifen wechseln lassen?

39 informiert - informieren; gekannt - kennen; gefragt - fragen; gekauft - kaufen; gezogen - ziehen; genommen - nehmen; gewusst - wissen; gefunden - finden; geholfen - helfen

40 1. hat, 2. ist, 3. ist, 4. ist, 5. hat, 6. hat, 7. ist, 8. ist, hat

41 2. getroffen; 3. gelernt, 4. gekauft, 5. gesehen, 6. geschlafen, 7. gegessen, 8. trainiert, 9. passiert

42 2. aufgestanden, 3. besucht, 4. eingeladen, 5. bestellt, 6. angerufen, 7. vergessen, 8. angefangen

43 Am Morgen habe ich spät gefrühstückt und mit Freunden Kaffee getrunken. Am Vormittag habe ich meinen Freunden im Garten geholfen. Am Nachmittag sind wir im See geschwommen und haben Limonade getrunken. Am Abend ist meine Freundin Ines gekommen und wir haben zusammen gekocht und gegessen.

44 Schon als Kind half er auf dem Bauernhof seiner Eltern. Vormittags ging er zur Schule und am Nachmittag arbeitete er auf dem Hof. Sein Vater dachte immer, dass er das auch beruflich machen möchte. Aber nach dem Abitur machte er eine lange Reise. In dieser Zeit entschied er, einen anderen Weg zu gehen, und er studierte dann in München Architektur. Direkt nach dem Studium fand er eine Stelle in einem bekannten Büro. Er blieb zehn Jahre dort. Nach zehn Jahren brauchte er eine Veränderung und ging in sein Dorf zurück. Jetzt lebt und arbeitet er wieder auf dem Hof seiner Eltern.

45 bieten - bietet - bot - hat geboten
bringen - bringt - brachte - hat gebracht
entscheiden - entscheidet - entschied - hat entschieden
nehmen - nimmt - nahm - hat genommen
ausgehen - geht aus - ging aus - ist ausgegangen
schreiben - schreibt - schrieb - hat geschrieben
mitfahren - fährt mit - fuhr mit - ist mitgefahren
empfehlen - empfiehlt - empfahl - hat empfohlen
sein - ist - war - ist gewesen
stehen - steht - stand - hat/ist gestanden
denken - denkt - dachte - hat gedacht
streiten - streitet - stritt - hat gestritten

46 2. war, 3. konnte, 4. machte, 5. arbeitete, 6. fühlte, 7. hatte, 8. hat … gefragt, 9. habe … gesagt, 10. suchten, 11. fanden, 12. sind … gekommen

47 2. Er hatte den ganzen Tag nichts gegessen.
3. Sie war zwei Stunden durch den Park gejoggt.
4. Er hatte die ganze Nacht nicht geschlafen.
5. Sie hatte eine gute Note bekommen.
6. Er war im Regen spazieren gegangen.

48 2. werden … besuchen, 3. wird … kochen, 4. werden … sprechen, 5. werde … schwimmen, 6. wird … besichtigen, 7. wird … mitkommen

49 2. Verschiedene Bands werden auftreten.
3. Das Festival wird mehrere Tage dauern.
4. Am letzten Tag wird die Stadt ein Feuerwerk machen.
5. Ich werde das Festival jeden Tag besuchen.
6. Wirst du auch mitfeiern?

50 1. Die Stadt hat vor, ein neues Sportstadion zu bauen.
2. Die Architekten wollen eine moderne Anlage planen.

3. Das Sportstadion ist in drei Jahren fertig.
4. Die Jugendlichen fangen an, öfter Sport zu machen.
5. Die Bauarbeiten starten bald.

51 2. Könntet ihr mir bitte helfen?
3. Könnten Sie bitte das Fenster aufmachen?
4. Könnten Sie bitte hier unterschreiben?
5. Könntest du mir bitte das Buch leihen?
6. Könnte ich bitte einen Kaffee haben?

52 1D, 2E, 3A, 4C, 5F, 6B

53 *Lösungsmuster:*
2. Du solltest abends einen Spaziergang machen.
3. Ihr solltet mehr Obst essen.
4. Er sollte zum Arzt gehen.
5. Wir sollten jeden Morgen joggen gehen.
6. Du solltest viel Wasser trinken.

54 2. hätte, 3. würde, 4. wäre, 5. würde, 6. hätte, 7. wäre, 8. hätte

55 1. würde, wäre, würde, 2. hätte, hätte, würden, 3. würden, hätten, Hättest, 4. Hättet, hätten, würden

56 1. sollte, 2. müsste, 3. Könntest, 4. dürfte

57 Aktiv: 2, 5, 7
Passiv: 3, 4, 6, 8

58 2. wurden … repariert, 3. sind … gebaut worden, 4. wurde … eröffnet, 5. werden … gezeigt, 6. ist … ausgegeben worden, 7. ist … finanziert worden, 8. wird … organisiert

59 2. Die Zeitschriften können weggeworfen werden.
3. Das Wohnzimmer muss aufgeräumt werden.
4. Die Bücher können ins Regal gestellt werden.
5. Die Blumen müssen regelmäßig gegossen werden.

Nomen

60 2. das Hotel, 3. die Universität, 4. der Bahnhof, 5. das Krankenhaus, 6. der Fluss, 7. das Kino, 8. die Firma

61 2. der Schlüssel, 3. die Straße, 4. das Taxi, 5. die Schule, 6. das Buch, 7. der Stift, 8. der Computer

62 2. der Bleistift, 3. das Handy, 4. der Schlüssel, 5. die Jacke, 6. das Ticket, 7. die Flasche, 8. das Brötchen

63

(¨)-	die Fenster die Computer die Mäntel	(¨)-er	die Bücher die Bilder die Handtücher
-(e)n	die Türen die Lampen die Blumen	-s	die Sofas die Fotos die T-Shirts
(¨)-e	die Schränke die Tische die Stühle		

64 2. der Räume, 3. der Renovierung, 4. der Wände, 5. den Garten, 6. den Kindern

65 2. Gretas Laptop, 3. Alex' Chefin, 4. Elias' Bücher, 5. Franz' Stifte, 6. Annas Job

66 1. Kollegen, 2. Namen, 3. Nachnamen, 4. Praktikanten, 5. Lieferanten, 6. Mensch, 7. Experten, 8. Kunden, 9. Automat

67 A Verwandten, B Arbeitsloser, Angestellter, C Verletzten, Jugendliche

Artikelwörter

68 2. ein, 3. Der, 4. Der, 5. das, 6. die, 7. Die, 8. ein, 9. Das

69 2. keine, ein; 3. keine, eine; 4. kein, ein; 5. kein, ein; 6. keine, ein

70 – Tomaten, ein Stück Käse, einen Orangensaft, eine Banane, ein Brot, einen Joghurt

71 1. keine, 2. keine, kein, 3. keinen

72 1. der, 2. das, 3. dem, 4. den, 5. einen, 6. der, 7. einen, 8. kein

73 2. der Rucksack des Mannes, 3. das Handy der Frau, 4. das Fahrrad eines Kindes, 5. der Ball des Hundes, 6. die Jacken der Gäste, 7. der Laptop eines Freundes

74 2. dein T-Shirt, 3. seine Hose, 4. seine Hose, 5. ihre Schuhe, 6. unsere Schals, 7. eure Pullover, 8. ihre Schuhe, 9. Ihr Anzug

75 1. ihre, 2. deine/eure, mein/unser, meine/unsere, 3. seine, 4. Unser, 5. eure

76 1. meinem, 2. Meine, 3. ihre, 4. Unser, 5. seinem, 6. meinem, 7. unserer, 8. Unsere, 9. meine, 10. seinen, 11. Eure, 12. eure, 13. unsere

77 2. Die Katze meines Freundes ist so süß.
3. Mein Bruder verkauft heute sein Motorrad.
4. Meine Schwestern lieben ihren Job.
5. Unsere Tochter spielt oft mit ihrem Handy.
6. Das Haus meiner Freundin ist echt schön.

78 1. Welches, 2. Welche, 3. welchem, 4. Welchen, 5. Welche

79 2. Was für ein, Was für ein, 3. Welches, 4. Welche, Was für eine, 5. Welche, 6. welchem

80 1D, 2C, 3A, 4E, 5B

81 1. welcher, 2. dieser, 3. Diesen, 4. Welches, 5. diesen, 6. Welches, 7. dieses, 8. Welche, 9. diese

82 1. irgendein, 2. irgendwelche, 3. irgendeinen, 4. irgendeine

Adjektiv

83 2. Das Schlafzimmer und das Wohnzimmer sind klein.
3. Für das Schlafzimmer ist ihr Bett zu groß.
4. Der Schrank im Wohnzimmer ist sehr alt.
5. Die Bilder an den Wänden sind schön.
6. Die Wohnung ist nicht teuer.

84 1. klein – kleiner – am kleinsten
2. warm – wärmer – am wärmsten
3. sauber – sauberer – am saubersten
4. kalt – kälter – am kältesten
5. laut – lauter – am lautesten
6. toll – toller – am tollsten

7. jung – jünger – am jüngsten

8. dunkel – dunkler – am dunkelsten

9. gern – lieber – am liebsten

10. gut – besser – am besten

85 2. länger, 3. öfter, 4. mehr, 5. weniger, 6. schneller

86 1D am größten, 2E am längsten, 3B am höchsten, 4A am ältesten, 5C am berühmtesten

87 1. als, 2. wie, 3. als, 4. wie, 5. als

88 2. wie, 3. als, 4. wie, 5. als, 6. als

89 2. Cems Handy ist genauso teuer wie Nils' Handy. / Das Handy von Cem ist genauso teuer wie das Handy von Nils.

3. Tarik isst genauso gern Pizza wie Florian.

4. Tom ist genauso groß wie Luca.

5. Elif spielt besser Basketball als Laura. / Laura spielt schlechter Basketball als Elif.

6. Maja joggt öfter/mehr als Elena. / Elena joggt weniger/seltener als Maja.

90 1. neue, netten, 2. freundliche, alten, 3. bekannte, spannenden, 4. schöne, guten, 5. ganze, große, kleinen

91 2. breiten, 3. tolle, 4. gemütlichen, 5. leckere, 6. nette, 7. kleinen, 8. warme

92 2. langen, 3. tolle, 4. neues, 5. großes, 6. jungen, 7. interessante, 8. internationalen, 9. wichtige, 10. fantastisches, 11. spannende, 12. lustige, 13. Kostenlose, 14. kurze, 15. guten

93 2. alten, 3. großen, 4. kleinen, 5. weißen, 6. schöne, 7. großen, 8. lieben, 9. coole, 10. hilfsbereite, 11. leckeres

94 2. schönen, 3. kleines, 4. alter, 5. bekannten, 6. historische, 7. berühmte, 8. interessantes, 9. alte, 10. wunderbaren, 11. österreichische, 12. gemütlichen, 13. nette

95 1. selbstständiger, 2. sympathische, spontanen, 3. Nettes, erfahrenen / Erfahrenes, netten, 4. elegantes, freundliche, 5. starken, eigenem, 6. schnellen, flexible

96 2. längsten, 3. besser, 4. Am billigsten, 5. Bequemer, 6. kleineren, 7. preiswertere, 8. meiste, 9. stärker, 10. abwechslungsreicheren

97 2. besseren, 3. größere, 4. interessantere, 5. tollsten, 6. kleineren, 7. längsten, 8. älteste, 9. hübscheste, 10. günstigere

98 2. bestellten, 3. bezahlten, 4. gelieferte, 5. ausgefüllte

99 1. spielende, 2. essende, 3. lesende, 4. lernende, 5. lachende

100 1. lächelnde, 2. schlafende, 3. gekochtes, 4. geschlossene

Pronomen

101 2. Er, 3. du, 4. ihr, Wir, 5. ich, 6. Sie

102 1. sie, 2. Er, ihn, ich, 3. du, sie, 4. euch, 5. du, dich

103 1. mir, 2. dir, 3. mir, 4. sie, 5. ihn, 6. ihm, 7. mir, 8. es, 9. Ihnen, 10. sie

104 2. dir, 3. sich, 4. sich, 5. euch, 6. uns

105 2. Im Sommer kann man im Park spazieren gehen.

3. Dort kann man den ganzen Tag verbringen.

4. Mit der U-Bahn kommt man schnell von A nach B.

5. In der Altstadt findet man viele schöne Geschäfte.

6. Man kann in gemütlichen Cafés essen.

106 2. jemand, 3. alles, 4. etwas, 5. nichts, 6. niemand, 7. man

107 2. der, 3. den, 4. die, 5. die, 6. dem, der, 7. denen, 8. die

108 1. keins, 2. eine, 3. einer, 4. einen, 5. eins, 6. keins, meins, eins

109 2. welche, 3. eine, 4. welche, 5. keinen, 6. keins, eins, 7. keine, 8. einen

110 1. meine, 2. seine, ihre, 3. meine, 4. seins, 5. deiner, 6. eure, unsere, 7. deins, meins, 8. seiner/meiner

111 2. darüber, 3. daran, 4. daran, 5. mit ihr, 6. darauf

112 2. wartet darauf, 3. denkt darüber nach, 4. interessiert sich dafür, 5. diskutieren … darüber, 6. bereite mich darauf vor

Präposition

113 2. mit deiner Schwester, 3. Für den Salat, 4. mit dem Auto, 5. Ohne euch, 6. für dich, 7. Für mich, 8. ohne den Computer, mit dem Handy

114 1. trotz, 2. Wegen, 3. Wegen, 4. wegen, 5. trotz, 6. Wegen

115 1. des guten Kulturangebots, 2. der hohen Mieten, 3. des Lärms, 4. des besseren Stellenangebots

116 2. um, 3. Um, 4. am, 5. Am, 6. um, 7. am, 8. von … bis, 9. Am

117 1. vor, 2. ab, 3. Seit, 4. Nach, 5. am, 6. Vor, 7. Am, 8. In

118 2. Vor dem ersten Unterrichtstag, 3. Während des Fests, 4. Vor dem Kursbeginn, 5. Während des Unterrichts, 6. Bis zum Kursende, 7. Nach der Prüfung

119 2. Außerhalb der Ferien, 3. innerhalb der nächsten Stunde, 4. Innerhalb des Messegeländes, 5. innerhalb eines Monats, 6. Außerhalb der Stadt

120 2. Zur Post. 3. Bei einer Kollegin. 4. Vom Arzt. 5. Zum Supermarkt. 6. Beim Direktor. 7. Aus der Bibliothek.

121 2. an … vorbei, 3. gegenüber von, 4. durch

122 2. im, 3. am, 4. Nach dem, 5. aus der, 6. zum, 7. bis zum

123 1. zum, 2. mit, 3. Nach, 4. von, 5. aus, 6. bei, 7. seit

124 2. an, 3. am, 4. Wegen, 5. nach, 6. nach, 7. im, 8. bis, 9. Gegenüber von, 10. Während, 11. ohne, 12. durch, 13. Für

125 2. ins, 3. im, 4. in der, 5. im, 6. in den, 7. Im, 8. ins
126 2b, 3b, 4b, 5a, 6a, 7a, 8b
127 2. auf das, 3. in die, 4. auf dem, 5. auf den, 6. Unter dem, 7. in den, 8. auf dem, 9. ins, 10. im, 11. neben dem, 12. hinter der, 13. auf das, 14. ins

Fragewörter
128 2. Worüber? 3. Über wen? 4. Worüber? 5. Wovon? 6. Mit wem? 7. Worauf? 8. An wen?

Sätze verbinden
129 2D und, 3F aber, 4E und, 5A oder, 6C aber
130 2. Pascal möchte noch eine Sprache lernen, aber er hat keine Zeit.
   3. Robert will weniger arbeiten, denn er schläft oft schlecht.
   4. Ines muss mehr zu Hause kochen, denn sie gibt zu viel Geld in Restaurants aus.
   5. Marco möchte seine Eltern besuchen, aber er bekommt keinen Urlaub.
131 1C, 2G, 3F, 4A, 5E, 6B, 7D
132 2. weil das Wetter schön ist.
   3. weil sie dreißig Jahre alt wird.
   4. weil ihr Bruder Fabio nicht kommen kann.
   5. weil er einen Sprachkurs gewonnen hat.
   6. weil sie viele alte Freunde wiedersieht.
   7. weil das Fest so lustig ist.
133 1. denn, 2. weil, 3. weil, 4. denn, 5. weil, 6. denn
134 2. dass man im Kino Popcorn kaufen <u>kann</u>.
   3. dass die Tickets am Montag billiger <u>sind</u>.
   4. dass viele bekannte Schauspieler/innen im Film <u>mitgespielt</u> haben.
   5. dass das Kino auch am Samstagvormittag Filme <u>zeigt</u>.
135 2. Er findet es gut, dass er schnell Preise vergleichen kann.
   3. Er erzählt, dass er manchmal zu viel Zeit mit Online-Spielen verbringt.
   4. Er freut sich, dass er schnell interessante Filme oder Serien findet.
   5. Er denkt, dass man öfter Kontakt mit Freunden auf der ganzen Welt hat.
   6. Er sagt, dass er vor einem Kauf die Kommentare von anderen Leuten lesen kann.
136 2. Wenn das Wetter schön ist, gehen wir in den Park.
   3. Wir schwimmen im See, wenn es heiß ist.
   4. Wenn es regnet, sitzen wir im Café.
   5. Wenn ein spannender Film läuft, gehen wir ins Kino.
   6. Wir feiern die ganze Nacht, wenn wir am nächsten Tag frei haben.
137 1. weil, 2. dass, 3. Wenn, 4. wenn, 5. Wenn, 6. dass, 7. dass, 8. weil

138 2. wenn, 3. als, 4. als, 5. wenn, 6. als, 7. als, 8. als, 9. wenn
139 2. Weil es an einem Tag viel geregnet hat, sind wir ins Museum gegangen.
   3. Als ich im Museum war, hat mein Freund Tom angerufen.
   4. Tom kann keinen Urlaub machen, weil sein Kollege krank ist.
   5. Wenn Toms Kollege wieder gesund ist, nimmt er ein paar Tage frei und besucht uns.
140 2E, 3A, 4C, 5B
141 2. obwohl, 3. weil/da, 4. weil/da, 5. Weil/Da, 6. obwohl, 7. Weil/Da, 8. weil/da, 9. obwohl
142 2. Sein Gehalt ist nicht hoch, darum sucht er eine besser bezahlte Stelle.
   3. Pedro hat so viel Erfahrung, dass er sicher schnell eine Stelle findet.
   4. Er hat alle Dokumente vorbereitet, sodass er sich sofort bewerben kann.
   5. Er mag seine Kollegen gern, deswegen ist er auch ein bisschen traurig.
143 2. nachdem sie eingekauft hat.
   3. nachdem Andrea gekocht hat.
   4. nachdem er dort hingezogen war.
   5. nachdem er seinen Abschluss gemacht hatte.
144 2. Nachdem ich in Spanien angekommen war, bin ich ans Meer gefahren.
   3. Nachdem ich im Restaurant gegessen hatte, habe ich im Hotel eingecheckt.
   4. Ich habe den nächsten Tag geplant, bevor ich schlafen gegangen bin.
   5. Nachdem ich früh aufgestanden war, bin ich im Pool geschwommen.
   6. Ich habe Postkarten geschrieben, bevor ich nach Hause geflogen bin.
145 1. Seit, 2. während, 3. seitdem, 4. Bis, 5. Während, 6. während
146 2. während ihre Eltern unterwegs sind.
   3. um fit zu werden.
   4. bis er einen Marathon schafft.
   5. weil sie gern schwimmt.
   6. dass im Winter das Wasser zu kalt ist.
   7. seit er in Argentinien gelebt hat.
   8. bevor er Tango gelernt hat.
   9. obwohl gute Tickets viel kosten.
   10. damit sie Tickets günstiger bekommt.
147 2. wann der Bus zum Bahnhof fährt?
   3. wie ich zum Marktplatz komme?
   4. wohin die Straßenbahn fährt?
   5. was das Busticket kostet?
148 2. ob ich im Hotel war.
   3. ob ich eine Stadtführung gemacht habe.
   4. ob mir Berlin gefällt.

5. ob ich bald wieder Urlaub habe.

6. ob ich dann mit ihnen wegfahre.

149 2. der, 3. der, 4. die, 5. den, 6. die, 7. die

150 2. Die Getränke, die wir vor einer Woche bestellt haben, sind noch nicht da.

3. Die Band, die am Abend spielt, ist schon gebucht.

4. Ein Kollege, den ich besonders gern mag, hat leider keine Zeit.

5. Der Kellner, der uns beim letzten Fest bedient hat, war lustig.

151 1. dem, 2. die, 3. der, 4. dem, 5. die, 6. denen

152 2. in dem du sitzt.

3. von dem du den Schlüssel bekommst.

4. für den du nichts zahlen musst.

5. neben der der Kopierer steht.

6. ohne die hier nichts funktioniert.

153 2. wo, 3. wo, 4. was, 5. wo, 6. wo, 7. was

154 2. oft Sport zu machen?

3. neue Leute kennenzulernen?

4. Museen zu besuchen?

5. eine Radtour zu machen?

6. Computerspiele zu machen? / (am) Computer zu spielen?

7. für Freunde zu kochen?

155 2. Obst und Gemüse zu essen.

3. ausreichend zu trinken.

4. mehr Lebensmittel aus der Region zu kaufen.

5. Ihr Essen selbst zu kochen.

6. nach dem Essen einen Spaziergang zu machen.

156 1G, 2F, 3A, 4D, 5B, 6E, 7C

157 2. um keinen Stress zu haben.

3. damit die Gäste sich wohlfühlen.

4. damit alle das Gericht essen können.

5. um ihm zu helfen.

6. um Karim eine Freude zu machen.

7. damit es wieder ordentlich ist.

8. um ihr für die Hilfe zu danken.

158 2. Sowohl – als auch, 3. zwar – aber, 4. nicht nur – sondern auch, 5. Einerseits – andererseits, 6. weder – noch

159 2. Je länger ich lerne, desto mehr Wörter kenne ich.

3. Je öfter ich spreche, desto weniger Fehler mache ich.

4. Je mehr Filme ich sehe, desto leichter verstehe ich sie.

5. Je häufiger ich Aufgaben mache, desto schneller werde ich.

6. Je weniger Angst ich habe, desto mehr Spaß macht es.

160 2. meine Kollegin nicht so viel reden würde

3. mein Chef öfter unterwegs wäre

4. ich ein eigenes Büro hätte

5. ich keine Überstunden machen müsste

6. ich bald Urlaub nehmen könnte